新时期新型农民自我教育丛书

杨　茹　宋国恺　主　编
宋国恺　编　著

从身份农民到职业农民

CONG SHENFEN NONGMIN
DAO ZHIYE NONGMIN

中国社会出版社

图书在版编目（CIP）数据

从身份农民到职业农民/宋国恺编著．—北京：中国社会出版社，2010.3

（新时期新型农民自我教育丛书/杨茹，宋国恺主编）

ISBN 978－7－5087－3124－7

Ⅰ．①从…　Ⅱ．①宋…　Ⅲ．①农民—素质教育—中国　Ⅳ．①D422.6

中国版本图书馆 CIP 数据核字（2010）第 026522 号

书　　名：从身份农民到职业农民
编　　著：宋国恺
责任编辑：彭先芬

出版发行：中国社会出版社　　**邮政编码：**100032
通联方法：北京市西城区二龙路甲 33 号
电话：编辑部：（010）66061704
邮购部：（010）66060275
销售部：（010）66080300　传真：（010）66051713
（010）66051698　传真：（010）66080880
网　　址：www.shcbs.com.cn
经　　销：各地新华书店

印刷装订：北京京海印刷厂
开　　本：145mm×210mm　1/32
印　　张：5.875
字　　数：120 千字
版　　次：2010 年 4 月第 1 版
印　　次：2014 年 3 月第 3 次印刷
定　　价：11.50 元

新时期新型农民自我教育丛书
编写委员会

学术指导专家：

陆学艺　钱伟量

主　编： 杨　茹　宋国恺

副主编： 马晓燕　邓万春　曹晓鸥

委　员： 丁志宏　韩作珍　景君学　刘海霞　饶旭鹏
沈　娟　王建民　尹志超　庄　锋

前　言

进入21世纪，中国站在新的历史起点上，中国农民站在了新的历史起点上。在工业化、城镇化、市场化、信息化、国际化新发展和新形势下，中国社会发生了深刻而巨大的变化，中国农民不再是传统农业社会的农民，正在向现代社会的新型农民转变。什么是新型农民，新型农民就是有文化、懂技术、会经营、晓政策、建组织、讲文明的职业农民，与传统农业社会“面朝黄土背朝天”、“三十亩耕地一头牛，老婆娃娃热炕头”的农民有着本质的区别。目前我们面对的农业是新型的现代农业、农村是已经变化了的新农村，农民也是正在摆脱身份束缚的新型职业农民。一句话，农业是新的，农村是新的，农民也是新的。针对这一新变化、新情况、新形势、新特点，要求我们对新世纪的农民也要有新的科学的认识。

经过30年的农村改革和发展，我国农村经济社会发展取得了举世瞩目的伟大成就，农业农村发生许多深刻变化。这些变化呈现出鲜明的阶段性特征，标志着我国农村改革和发展进入一个新的阶段。主要表现在以下几个方面：

一、农产品供求格局发生深刻变化

随着农村改革不断深化，农业加快发展，农业综合生产能力明显提高。2004～2007年，粮食连续4年持续增产，

2007年，粮食再上5015亿公斤台阶。农产品产量快速增长，满足了城乡居民消费需求和经济社会发展的需要。目前，我国粮食等主要农产品供求基本平衡，为经济社会发展和社会和谐稳定奠定了坚实基础。但是，改革开放以来，特别是近10年来，随着我国经济持续快速发展，经济总量明显扩大，城镇人口快速增加，居民消费结构也明显升级。10年来，我国经济总量增了两倍，人口净增9000多万，城镇人口增加2亿多，城乡居民收入翻了一番多，粮食消费增加500多亿公斤，肉、蛋、奶、食用油等消费大幅度增长。我国经济社会的快速发展，以及农产品消费需求的增长，既为新时期农业发展提供了有力支持和广阔市场，同时又对保障农产品供给总量平衡、结构平衡、质量安全提出了新的任务和更高要求。

二、农村劳动力结构发生深刻变化

什么是劳动力结构，简单地说，就是我们广大的农民群体已经发生了重要而明显的变化，原来的农民就只是种庄稼，其中一部分现在也可以不用种庄稼了，去从事非农业生产，有打工的农民，也有经商的农民，等等。职业出现了多样化，也就是说劳动力结构发生了变化。因为在计划经济体制下，农民就是种庄稼的农村劳动力。特别是近些年来，我国农村劳动力转移加快，为促进农民增收和支持城市经济建设作出重要贡献。但伴随农村劳动力长时间、大规模的转移，劳动力无限供给的特征开始改变，结构性短缺特征正在显现。据统计，2007年我国农村户籍人口为9.4亿多人，农村劳动力为4.9亿多人，其中农民进城务工的为1.3亿多人，再加上在当地乡镇企业务工的劳动力，转移数量为2亿多人。特别是农村年纪轻、有知识的劳动力大量外出务工，不少村庄留下老人、妇女搞农业，一些地方农业兼业化、农村空心化、农民老龄化“三化”趋势明显，农业生产缺人手、新农村建设缺人力、农技推广缺人才“三缺”现象显露。这一定程度上为开辟农村劳动力就业渠道、转变农业发展方式、加快发展现代化农业提供了机遇，但同时也造成农村劳动力结构性素质下降，对农业稳定发展和新农村建设带来一定影响。

三、农村社会结构发生深刻变化

简单地说，农村社会结构是指广大农民群体的职业、地位等发生了变化。随着工业化城市化快速推进，农村改革不断深化，农村产业结构和经济结构正在发生转变，农村合作经济组织和农业服务组织逐步发展，带动和促进农村社会结构发生深刻变化，并逐步融入整个社会结构调整和现代化进程之中。农村社会结构不断变动和优化，各阶层素质和发展能力进一步提高。但与此同时，农村各类组织的活动和诉求增多，需要加强规范和改善管理。随着农村就业结构、人口布局加快调整，农村留守儿童、留守老人、留守妇女“三留守”问题凸显，一些地方甚至出现大量空心村落、空巢家庭。这既促进了农村产业结构、经济结构的调整优化和农村合作经济组织的发展，也对农村子女教育、养老保障、社会治安、乡村治理提出了新课题。

四、农村对外开放格局发生深刻变化

当前我国的农村，已经与人民公社时期的农村完全不同了，那个时代的农村是非常封闭的，与其相邻的地区交往很少，更谈不上国际的交流。改革开放后，这种情况完全变了。特别是随着我国加入世界贸易组织，农业对外开放步伐加快，农业进出口贸易大幅度增加，国际农业合作组织不断扩大，有效应对了入世的挑战。但随着国内外农业关联度不断提高，国内外农产品价格传导效应增强，国际农产品市场对我国农业的影响日益严重，市场风险加大，贸易摩擦增多，国际竞争日益加剧。一方面我国优势农产品出口面临越来越严峻的技术壁垒，另一方面国外大豆、植物油、乳制品、棉花、羊毛等大宗农产品进口猛增。这既要继续扩大农业对外开放，加大农业国际交流与合作，又要从战略的高度加强和改善农产品贸易调控，扩大农业产品出口，提高我国农业国际竞争力。

五、农业农村政策体系发生深刻变化

农村农业的发展关键在于政策体系的变化，好的政策会极大推动农业农村的快速发展。改革开放后，我国农业农村政策发生了巨大变化，政策体系也发生了整体性的调整。随着农村改革的不断深入，以家庭承包经营为基础、统分结合的双层经营体制为重要内容的农业农村政策框架基本形成。坚持以人为本、维护农民权益、增加农民收入、维护农村和谐已成为农业农村政策的基本目标和取向。长期形成的城乡分割政策，已开始转向城乡统筹发展方略。随着工业反哺农业、城市支持农村和多予少取放活方针以及“四取消、四补贴”政策的实施，国家对农业投入日益增加，延续2600多年的农业税已告终结，扶持农业力度不断加大，农业农村政策的统筹性、反哺性、普惠性明显增强。但与此同时，虽然国家对“三农”投入总量不断增长，但直接投入农业生产的仍然不足。农业的支持保护体系长效机制还没有完全建立起来，农业农村发展政策扶持力度与实际需求还有很大差距。农资价格大幅上涨导致农业成本上升，农业比较收益下降，这样使给农民的实惠没有完全落到农民手中。这要求我们既要继续加大强农惠农政策力度，大力支持农业农村发展，又要发挥市场机制的作用，建立健全农产品价格体系，为农业农村发展提供持久动力。

六、农民思想观念显著变化

记得改革开放10多年，当时有一首好听的电视剧主题曲《篱笆墙的影子》，歌词唱道："星星还是那颗星星、月亮还是那个月亮、山也还是那座山、梁也还是那道梁……星星咋不像那颗星星哟，月亮咋不像那个月亮，山也不像那座山哟，梁也不是那道梁……"前后的对比鲜明，说明山村的日子的确发生了变化。用这首歌来说明当前我国农民思想观念变化显著同样是非常贴切的。随着改革不断深入、经济不断发展和社会不断进步，农民的思想得到解放，观念得到更新，视野得到拓宽，市场竞争意识、发展致富意识、民主法制意识普遍提高。尤其是经过多年市场经济大潮的洗礼，农民已成为市场主体，广大农民的独立性、选择性、多样性日益增强，自主经营、自主择业、自主创业，平等参与市场竞争，独立承担市场风险。在现代化建设进程中，农民要求平等参与发展进程、共享改革开放成果。在民主法制建设中，农民要求更多参与乡村公共事务决策，注重依法保护自身权益。

总之，30年来中国农村发生的许多深刻变化已经表明，中国农民农业生产方式、生活方式和思想观念如果还停留在传统农业社会，就远远不能适应时代发展的需要，而且客观上已要求中国农民必须适应时代发展的要求，适应新时代工业化、城市化、市场化、国际化、信息化的发展需要。因此，大力培养新型农民，投入到现代化的洪流之中，这样中国农民才能踏上幸福的康庄大道。

目　　录

第一章　新型职业农民与“三农”问题

新型职业农民是建设新农村的主体，推进新农村建设则是解决“三农”问题的关键措施。而我国农村当前有农户2.4亿户，9亿多农民。在一定程度上来说，新型农民的培育决定了新农村建设成败的关键，决定了中国“三农”问题能否顺利解决的关键。社会主义新农村建设需要千万建设者的共同奋斗，广大农民是社会主义新农村建设的主体。新型农民作为新农村建设的先进生产力因素，是推进社会主义新农村建设最具活力、最能发挥作用的力量。从这个意义上讲，新型农民是新农村建设的最重要主体部分。按照以人为本的要求，建设社会主义新农村，不仅要求农村经济社会的全面协调可持续发展，还需要广大农村实现人的全面发展。面临建设社会主义新农村的伟大历史任务，全面建设小康社会，实现中国特色社会主义现代化的伟大历史目标，我们必须培养和造就一代适应社会主义新农村建设需要的新型农民，充分发挥新型农民的主力军作用。培养和造就千百万新型农民不仅是建设社会主义新农村的关键，也是当前建设社会主义新农村的迫切要求，同时也是全面建设小康社会，实现中国特色社会主义现代化的迫切要求。因此，培育新型农民，必须正确认识和处理好“三农”问题。

第一节 “三农”问题是党和政府工作的重中之重

按照我们党和政府的说法，目前我国在总体上已经进入以工促农、以城带乡的发展阶段。推进社会主义新农村建设，则是党中央适应经济社会发展新阶段的要求，实行工业反哺农业、城市支持农村方针，实施统筹城乡协调发展方略，实现经济社会又快又好发展，让广大人民群众共享经济发展成果，如期实现全面建设小康社会和社会主义现代化宏伟目标的重大战略决策。因而，要从中国特色社会主义现代化建设事业的全局出发，深刻认识建设社会主义新农村的重要性、必要性和紧迫性，提高建设社会主义新农村的自觉性和坚定性。

党的十六大提出了全面建设小康社会的宏伟战略目标。全面建设小康社会，关键在农村、在农业、在农民。全国要实现全面小康社会的各项指标，在 21 世纪的头 20 年达到预定的战略目标，到 21 世纪中叶达到中等发达国家水平，有可能掣肘的就是“三农”问题。全面建设和实现小康，在某种意义上，取决于农村社会全面实现小康，关键是解决好农村“三农”问题。我国有 13 亿人口，农村人口占大多数，农业和农村发展不上去，农民生活得不到明显提高，就无法实现全面建设小康社会的目标，无法实现中国特色社会主义的现代化，无法实现全国人民的共同富裕，无法实现国家的长治久安和中华民族的伟大复兴。

十六届三中全会提出了以人为本，全面、协调、可持续的科学发展观。按照科学发展观的要求，当前要集中解决好城乡、区域、经济社会、人与自然、国内改革和对外开放五个方面的统筹发展问题。“五个统筹”是针对我国经济社会发展过程中所存在的诸多矛盾和问题所提出来的战略对策。所谓“五个统筹”就是要解决好城乡发展不平衡、区域发展不平衡、经济社会发展不平衡、人与自然不和谐、国内改革和对外开放不平衡所引发的“五大矛盾”。“五个统筹”其中一个最重要的问题是统筹城乡发展，解决好城乡发展中存在的严重不平衡。所谓城乡发展不平衡，就是与城市相比较，农村发展相对滞后，农业、农村和农民问题突出，矛盾凸显，“三农”工作仍然面临一系列矛盾和问题，需要解决。科学发展观的一个着眼点是在农村、农业和农民问题上。如果农业、农村和农民问题解决不好，科学发展观也不能全面落实。

十六届四中全会从巩固党执政的社会基础，实现党执政的历史使命的高度，提出了构建社会主义和谐社会的科学命题。构建社会主义和谐农村，是构建社会主义和谐社会的关键。

十六届五中全会通过的《中共中央关于制定国民经济和社会发展第十一个五年规划的建议》，提出全面落实科学发展观，推进社会主义新农村的战略要求。加强社会主义新农村建设，进一步做好“三农”工作，解决好“三农”问题，不仅事关农业、农村的发展和农民生活的富裕，而且事关全面建设小康社会和社会主义现代化建设的全局。

党的十六届六中全会《中共中央关于构建社会主义和谐社会若干重大问题的决定》中强调，要加强对农民的宣传教育，加快培养新型农民，充分发挥广大农民在新农村建设中的主体作用。建设社会主义新农村是党中央从全面落实科学发展观，构建社会主义和谐社会的战略高度，着眼于加快推进现代化，实现全面建设小康社会的奋斗目标提出的一项重大历史任务。完成这一历史任务，一个重要的关键是大力培养和造就一代新型农民，充分发挥其在社会主义新农村建设中的主力军作用。

党的十七大报告指出解决好农业、农村、农民问题事关全面建设小康社会大局，并且将其始终作为全党工作的重中之重。要求加强农业基础地位，走中国特色农业现代化道路，建立以工促农、以城带乡长效机制，形成城乡经济社会发展一体化新格局。

党的十七届三中全会着重研究了推进农村改革发展的问题，这既是对 30 年来农村改革发展成就和经验的总结，也是对新形势下继续推动农村改革发展重大任务的部署。报告指出尽管 30 年来中国农村发生了翻天覆地的变化，但是，农业基础仍然薄弱，最需要加强；农村发展仍然滞后，最需要扶持；农民增收仍然困难，最需要加快。并指出我国总体上已进入以工促农、以城带乡的发展阶段，进入加快改造传统农业、走中国特色农业现代化道路的关键时刻，进入着力破除城乡二元结构、形成城乡经济社会发展一体化新格局的重要时期。推进农村改革发展具备许多有利条件，也面临不少困难和挑战，特别是城乡二元结构造成的深层次矛盾突出，构建城乡经济社会发展一体化体制的要求急迫。

从十六大到十六届三中、四中、五中、六中全会，再从十七大到十七届三中全会，党中央进一步深化了新世纪中国特色社会主义现代化建设发展新阶段的指导思想和基本思路，形成了解决“三农”问题的总的思路、措施、目标和要求。建设社会主义新农村，培育新型农民，是十六大以来党中央全面落实科学发展观，解决“三农”问题的基本思想和思路的集中体现，是解决“三农”问题的新理念。解决“三农”问题，关键是站在全局的高度，吃透中央精神，掌握科学发展观的实质，始终不渝地把解决“三农”问题作为全党工作的重中之重，把建设社会主义新农村作为中国特色社会主义建设的重大战略任务，切实取得实实在在的进展，真正使社会主义新农村建设成为惠及广大农民的民心工程。

第二节　当前我国“三农”问题的表现形式

我国当前正处在战略机遇期，同时又是矛盾多发的关键时期。一方面我国经济发展的形势很好；另一方面也存在不少的社会问题，面临的社会矛盾可能更复杂、更突出。当前最为突出的社会矛盾和问题就是经济发展和社会发展不协调、城市发展和农村发展不协调，城乡关系不合理、不正常。这些矛盾是交叉的，有的矛盾既可以说它是经济社会矛盾，也可以说它是城乡矛盾。仔细分析一下我国当前存在的诸多矛盾，大概可以说，70％的矛盾是城乡矛盾，或者是由城乡矛盾所引发的矛盾。所以，“三农”问题是我国当前要解决的主要矛盾，真正解决好了，经济、社会发展中的许多问题就能得到基本解决。总体来说，中国的“三农”问题可以概括为：农业问题基本解决了，但农村问题、农民问题还很严重。

一、农业问题

新中国成立以后，我国历来高度重视农业问题，做了很大的努力。改革开放以后，农村率先改革，按照邓小平同志提出的“一靠政策、二靠科学”的方针，经过 30 多年，先后取得了 1984 年、1990 年、1996 年、2004 年和 2008 年五次农业特大丰收。1996 年农业特大丰收，粮食总产超过 5000 亿公斤，其他主要农产品也大丰收，中国的农业发展进入了一个新阶段。2007 年达到 5016 亿公斤。2008 年政策好，农民努力，天也帮忙，风调雨顺，取得了又一个特大丰收，粮食总产量达到 5285 亿公斤，达到历史最高水平。从此改变了粮食和主要农产品长期短缺的格局，形成了常年总量基本平衡，丰年有余的新格局，较好地解决了 13 亿人口的吃饭问题，保证了国民经济发展的需要。从 1997 年开始，农产品的进出口相抵一般都能基本平衡，有几年还略有超出。前几年，我们常常宣传用 7%的土地养活了 22%人口。1996 年，国家土地局公布了花费 10 年时间测量的全国土地的结果，耕地总量是 19.5 亿亩。这几年征用、占用耕地较多，加上退耕还林，2004 年还有 18.4 亿亩。可以说我国用占世界近 9%的耕地，供养了占全球近 21%的人口。这是非常了不起的事情，我国农民不仅为中国作出了巨大贡献，而且为世界人民作出了巨大贡献，受到了联合国等国际组织的表扬。就出口问题而言，我们出口了许多衣服、鞋子等等，原料基本都是农产品。因此，我国“三农”问题的基本状况是：农业问题基本解决了，但农村问题、农民问题还没有解决。

二、农民问题

第一，农民众多。我国是一个拥有13亿人口的大国，全世界发达国家的人口加起来也没有这么多。而这13亿人口中，农民占了绝大多数。一般来说，世界上的工业化国家在工业化和城市化过程中，农业劳动力是减少的，农民是减少的。1952年我国农业人口是50139万人，1958年是54704万人，之后出现了“三年经济困难时期”。到1978年，农民达到79014万人。20年下来，增加了24310万农民，平均每年增加1215.5万农民。1978年以后仍在增加。到2000年，虽然相对数字在减少，绝对数字还有逐年增加的。2000年达94244万。2001年开始减少，具体数字是94175万人，以后逐年缓慢减少。直到现在我国还有9亿农民。从1952年到2008年，工业化了50多年，中国变成工业大国了，农民反而越来越多。13亿人口，9亿农民，因此，农民众多对中国而言是一个很大的问题。

第二，农民太穷。首先，农民太穷是相对于改革开放以来取得这么好的成绩，而农民却没有得到相应的实惠。尽管相对于农民本身来说，生活水平提高了，基本解决了温饱问题。1978年，我国有2.5亿贫困人口，但现在还有2000多万。其次，相对于城市居民而言。第二次世界大战以后，几个成功实现了现代化的国家和地区，在工业化、现代化过程中，城乡差别都是缩小的。在中国，改革开放以后，1978～1985年，城乡差别是缩小的，1986年以后，特别是1994年以来，城乡差距不断扩大。2008年城乡居民收入差距扩大为3.33∶1，绝对差距突破10000元，农民贫困程度可见一斑。我们可以经常看到这样一幕：城里有些人的宠物狗都得了肥胖症，而在从农村转移到城市的不少农民工却为温饱而奔波。

第三，农民分化。首先，职业分化。现在我国有 9 亿多农民，其中从事以农业为主的农业劳力有 3 亿多人。另外，接近 2 亿的是农民工，其中离土离乡进城的农民工有 1.2 亿。20 世纪 80 年代以来，农民逐渐分化，其中有乡镇企业的干部和工人；有从事商业、饮食业、服务业的人员；有许多科技人员、民办教员、医生，等等。他们有的已经离开农村，在城市中生活。但是，这些人员国家认定的身份仍然是农民，是农业户口。其次，财产和收入分化。农业户口里有些人已经相当富有，有的人已经是亿万富翁，有的还很穷。过去在一个公社、一个生产大队里，大家一起生产，一起生活，收入相差无几。现在在同一个乡，或一个村里，少数人很富，住上了别墅式房子，但大多数人还贫穷，住着平房，相差悬殊。根据国家统计局调查，2004 年，农民年收入 600 元以下的占 2.25％；601～1000 元的占 6.07％；1001～3000 元的占 51.37％；3001～5000 元的占 25.29％；5001 元以上的占 15.02％。足见当前我国农民财产和收入分化的程度。

第四，农民太弱。农民被普遍认为是弱势群体，不少人呼吁要给农民以国民待遇。笔者曾经在几次会议上强调不是“给”，而是要“恢复”农民的国民待遇。农民群体弱化主要表现在两个方面：首先，农民丧失了保护自己的生产资料、耕地、宅基地，甚至房子的权利。他们不能保护自己承包的耕地，因为随时都有被征用的可能；他们也不能保护自己的房子，因为随时都有被强制拆迁的可能。因为房子的宅基地不属于他们，是集体所有的，所以农民要把房屋当做贷款抵押的权利都没有。前几年，我国刮起了一股大办工业园、科技园、大学城的风，有 3.6 万平方公里的耕地（5400 万亩）不声不响地被占掉了，约有 4000 多万农民成为失地农民。农民无力保护自己赖以生存的承包耕地，可见农民权利的微弱。幸靠党中央、国务院三令五申，才把这股风刹住了。其次，组织上的薄弱。干部、工人是工会会员，老板可以组织工商联合会，还组织各种俱乐部，温州老板到了北京、成都等地可以组织温州“商会”，等等。他们这样做，有自己的组织，可以维护、争取他们自己的权利。但是农民没有属于他们自己如“农会”这样的组织，所以维护、争取他们自己的权利就无从谈起。

三、农村问题

农村是以农民为主聚居的社区。国际上的现代化国家，在城市化和工业化初期，一般都是农业支援工业，农村支持城市，等到城市化搞起来了，工业有了一定的积累以后，反过来，实行工业反哺农业、城市支持农村，提高农民收入，兴办社会事业，搞好教育、医疗等公共服务，把农村的基础设施建设好。如农村的道路、电信、农村的地下排水等，基本上与城市没有什么差别。逐步实现城乡一体化。在中国却不是这么回事，包括水利、道路等在内的基础设施建设，都是依靠农民自己筹资出力出地建设的。农村修路是自己出地，自己出工，自己买炸药，等到道路建好后，却收归交通部门管理，农民的拖拉机要上路，就需要交纳包括养路费等在内的各种费用。农村、农民用电，变压器、电线和电线杆子都需要自己出钱买，建好以后却都属于电力部门，而且电力局照样收电费。尽管现在国家通过改革把电价降下来了，但这对农村、农民来说仍然是不公平的。我国有个著名社会学家，也是著名的“三农”问题专家陆学艺教授，将城乡类似这样的差别进行了非常好的总结，认为我国城乡居民因为户口的不同存在诸多方面的鲜明差别：

第一，收入差距。当前农民和城市居民的收入差距还在逐步扩大。1978 年，城市居民的收入差距为 2.57∶1，1985 年缩小为1.86∶1，1986 年以后有所反弹，1995 年城乡居民收入的差距是 2.72∶1，2008 年城乡居民的收入差距是 3.33∶1，可见城乡差距之大。但这只是其中一个方面。

第二，消费差距。2007 年城乡消费差距的数据：城市居民的消费支出是 9997 元，农民人均生活消费支出是 3224 元，城乡消费差距比是 3.10∶1。实际的消费差距比这个数字还要大，因为城市居民消费的好多项目是农村居民所没有的，如住房补贴、医疗补贴、电话补贴、燃气补贴，甚至还有车补，等等。

第三，就业差距。在计划经济时期，城市居民的就业，政府是全包的。农民只要有地种，就算就业，劳动部门不管农民的就业。原来还限制农民到城镇二、三产业就业。1984 年，农民也有了身份证，国家允许农民可以自带口粮进城务工经商，从此农民工逐年多了起来。1992 年以后更是大量增加。形成民工潮。进城的农民工，干了同城镇工人一样的活，但同工不同酬，工资等收入大致相当于城镇工人的 1/2 左右。而且只要经济有波动，首先裁减的是农民工，有些城市还规定一些好的行业，不许农民工干。近几年，政府出台了不少保护农民工的政策，情况才好一点。

第四，教育方面的差距。自20世纪60年代实行严格限制农业户口转为非农业户口的户籍制度以后，农民的子女就学被严格限制在本村、本乡、本县受教育，农村青年不能报考城市里较好的初中和高中，实际也就限制了他们到高校受教育的机会。自此，高校中的农村学生的比重逐年减少。并且虽然城市化进程在加速，但中国13亿人口中依然有7亿农业人口，2008年农村大学生的比例却不足10%，这是一个非常危险的信号。

国家的教育资源向城市倾斜，这种受教育水平的差距，预示着今后几十年，城乡差距仍难以缩小。

第五，医疗差距。众所周知，城乡医疗差距本来就很大，因为城市居民可以享受公费医疗，而农民则不享受公费医疗。根据2006年12月20日《人民日报》报道，国家的医疗资源，80%放到只占人口30%的城市，而占人口70%多的农村，只得到近20%的医疗资源。更为严重的是在城市中，80%的医疗资源又集中在大医院，农村和城市社区卫生服务能力十分薄弱。近几年国家逐渐重视农村的医疗问题，情况正在好转。

第六，科技文化方面的差距。科技兴国是我国的基本国策，在科技方面取得了很大的成就。改革开放以来，农民自发地学科学、用科学的热情很高，科学种田有了很大发展。但原来有的农业科技推广网，却因体制、财政等方面的原因，几次撤并、改制，弄得网破、线断、人散，反而衰败。过去农村还有文化站等传播科技文化的机构或场所，现在连文化站多数也解散了。农村一些好的地方还可以接收到电视，一些偏远的地方什么都看不到，几个月也看不了一场电影。原来的流动放映队也销声匿迹。

第七，社会保障方面的差距。我国现在建立起来的社会保障制度，主要包括基本养老保险制度、基本医疗保险制度、失业保险制度和城市居民最低生活保障制度等。但这张网主要是覆盖居民的，农村还只是一个角。但多数地区，绝大部分的农村还没有建立这种制度。养老保险方面。覆盖范围不断扩大，截至2008年底，全国参加城镇基本养老保险人数为21891万人，比上年末增加1754万人。参加基本养老保险的农民工人数为2416万人，比上年末增加570万人。5595万农民参加了农村养老保险。医疗保险方面。截至2008年底，全国参加城镇基本医疗保险人数为31822万人。其中，参加城镇职工基本医疗保险人数为19996万人；参加城镇居民基本医疗保险人数为11826万人；参加医疗保险的农民工人数为4266万人，比上年末都有显著提高。这些数据表明，我国农村居民的社会保障有了一定的发展，但还有待于进一步提高。

第八，土地的所有权和使用权方面的差距。农村改革实行联产承包责任制，农民承包土地，取得了土地的使用权。村民委员会成为发包单位，成为实际行使所有权的主体。现行的征占农村土地办法，村民委员会只能把土地卖（出让）给国家土地管理部门，再由土地管理部门出让（卖）给征用部门或单位。前者只取得计划经济时期定的土地年收入最高30倍的收入，而后者则可以市场价格出卖给用地单位。中间的巨大差额则由各级土地管理部门和政府所得。更有甚者，即使这点很少的土地转让费，拥有土地使用权的农民也不能都得。村委会（集体）还要截留一部分，有的是大部分。所以农民被动出让了自己赖以生存的耕地使用权，并不能得到应有的补偿，因此，很多失地的农民，收入和生活水平都有较大幅度的下降。

比较而言，城市里国家或集体企业的职工他们并没有土地的所有权和使用权，但他们在转制、改制过程中，却享有土地转让的利益。在许多大中城市里的国有企业、集体企业职工，企业破产了，但企业还有大片厂房和场地，这些在20世纪50～70年代占用的土地（原来也是农地）升值很多。有的企业，把这些土地出卖了，得到大笔资金，用来为职工买社会养老、医疗、失业保险，或直接分配给职工。还有的企业，用这些场地，同房地产商结合，开发为商用或住宅用房，每年取得大量的租金。所以企业虽然不存在了，但职工仍可分得相应的收入，有的甚至比上班所得还高一些。

第九，社会地位差异悬殊。中国自1958年实行了城乡分隔的户籍管理制度，并以这种户籍制度为标准实行一国两策。对非农业城镇户口人员实行一种政策，对农业户口（农民）实行一种政策。久而久之，就形成了有非农业户口的城镇居民的社会地位普遍高于农民的格局。社会地位高的居民取得较高的社会地位收益，社会地位低的居民没有这种社会地位收益，甚至是负面的地位收益。社会地位的高低，不仅在经济上，而且在政治上、社会上、文化上都有表现，这同实行社会主义市场经济体制是很不相称的。

第十，城乡交换不等价、不合理。完善的社会主义市场经济体制应该是城乡统一的市场，城乡关系应该是平等、合理的，等价交换应该是最基本的原则。由于长期实行计划经济体制，实行“城乡分治，一国两策”形成了城乡二元经济社会的格局。改革开放以后，在诸如土地、就业、社会保障等方面的二元体制仍未得到应有的改革，所以城乡关系至今仍不正常、不合理，表现在城乡交换上，仍是不等价的交换，天平向城市倾斜。最近农业部有个老领导说：目前，中国的农村和农民还存在通过三个剪刀差，为国民经济发展做贡献。

一是工农产品的剪刀差。工业产品的价格高于其价值，而农产品的价格低于其价值，两相交换，农民吃亏很大。据有关专家估算，近几年通过工农产品的剪刀差，农民向城镇作的贡献，都在1000亿元以上。

二是征地价格的剪刀差。按照现行的土地政策，农村集体向征地用地单位出让土地，不能直接买卖，必须先由政府土地管理部门征用，由政府卖给用地方。征地价格低，出售价格高。据国务院发展研究中心一项研究统计，农民和村委会只能得到土地出售价格的10%～15%。世纪之交以来，平均每年有3000多亿元土地费用转到城市了。

三是"工资剪刀差"。农民工进城打工，因为农民工的户籍是农业户口，所以与有城市户籍职工的待遇不同，干同样的工作，但"同工不能同酬，同工不能同时，同工不能同权"。仅以工资一项比较，据有关部门调查统计，2004年，农民工的月工资要比城镇职工低500～800元。当年农民工1.2亿人，以相差每月人均600元计，这个工资剪刀差就有8400亿元留在用工的城镇了。

当然，城乡居民的差别还表现在其他方面。总之，从上述存在的这些城乡差别的状况看，当前我国农村问题很突出。现在，党中央提出要扎实推进社会主义新农村建设，特别是2008年召开的党的十七届三中全会提出不断推进农村改革发展，其中的一个重大任务，就是要继续深化改革，建立新的体制和机制，调整结构，使经济社会协调发展，使城市和农村协调发展，逐步解决好我国的“三农”问题。

第三节 “二元结构”与新型职业农民

一、“二元结构”说贫困

当前我国“三农”问题突出，特别是农民问题很突出。广大的农民朋友会问这样一个问题：农民怎么这样苦？怎么这样穷？怎么这样弱？我国农民为什么这样苦、为什么这样穷、为什么这样弱呢？原来这是体制原因造成的，也就是说，是城乡二元结构造成的。那么，什么是城乡二元结构呢？

我们广大的农民朋友会经常观察到这样一个习以为常的现象：农村搞农业，城市搞工业，农村的人下田种地，城里人上班生产。这就是二元经济结构。二元经济结构一般是指以社会化生产为重要特点的城市经济和以小生产为重要特点的农村经济并存的经济结构，也就是农村搞农业、城市搞工业的经济结构。这个理论是美国黑人经济学家提出的，它对解释中国的城乡二元结构具有非常大的借鉴意义。他认为在发展中国家一般存在着性质完全不同的两种经济部门：传统农业部门落后，但比重庞大；现代工业先进，但比重较小。现代工业部门像一座孤岛被传统农业部门的汪洋大海所包围，这就是二元经济结构。

从我国的现实情况来看，城乡二元经济结构主要表现为：城市经济以现代化的大工业为主，而农村经济以典型的小农经济为主；城市的道路、通信、卫生和教育等基础设施发达，而农村的基础设施落后；城市的人均消费水平远远高于农村；相对于城市，农村人口众多，等等。

我国二元经济结构的形成是由历史和现实的诸多因素导致的，我国古代就以农业立国，农业经济在数千年中变化甚微，时至今日，中国社会仍处于由农业社会向工业社会转型的过程中。新中国成立后，我们为了迅速发展工业，尤其是重工业，人为地把城市与农村截然分开，逐步形成了城乡分离的体制，如，户籍分割的管理体制、城乡基础设施（包括水、电、路、电信等）分别建设与管理体制、城乡不同的义务教育与公共服务体制，等等。这些体制性因素事实上形成了农业和农村发展与工业化和城市发展的相互隔离，是城乡二元经济结构的关键。

虽然从客观上讲，在从传统农业社会向现代化工业社会转变过程中，由于两大产业之间存在的自然差别，即使农业有正常发展的环境，也必然存在着二元经济结构并存的局面，这是任何国家都要经历的一个阶段，但二元结构给我国经济社会发展带来的影响却是巨大的。

二元结构对我国经济社会发展所带来的巨大影响，主要是当前我国对城市和居民是一套政策，对农村和农民是另一套政策。其根据就是所谓的户口制度，如果是农业户口是这样一回事，如果是非农业户口则是另外一回事，这就是城乡分割的“二元体制”，是“城乡分治，一国两策”的格局。这些年，特别是 20 世纪 90 年代中期以后，城乡分割的格局几乎没有什么变化，有的还越来越严重，城乡差距越来越大。最后的结果是城里的建设是一个样，农村的建设却又是另一个样。正如人们戏谑道：“中国城市建设像欧洲，农村建设像非洲。”

从这些城乡差别的状况看，农村问题之所以如此严重，是我们长期实行计划经济体制、实行城乡分治，形成了中国特有的城乡二元经济社会结构，没有进行应有改革的结果。说到底，农业、农村、农民问题是结构性、体制性的问题。到 2007 年，全国的 GDP 中，农业只占 11.3%，而从事农业的劳动力占总就业劳动力的 40.8%，当年占全国总人口 55.1%的农村常住人口主要依靠分享 11.3%的财富生活，经济结构与社会结构中的就业结构、人口结构严重背离，农民怎能不苦，农民怎能不穷，农民怎能不弱！这种结构性的偏差也是造成当前我国农民在解决温饱问题以后，却难以普遍富裕起来的一个结构性原因。上述诸多城乡差别问题，就是因为原来计划经济体制下形成的户口、就业、教育、医疗卫生、社会保障等方面的体制，还没有改革调整过来。现在，党中央提出要扎实推进社会主义新农村建设，其中的一个重大任务，就是要继续深化改革，建立新的体制和机制，调整结构，使经济社会协调发展，使城市和农村协调发展，逐步解决好我国的“三农”问题。

二、新型职业农民

城乡二元经济社会结构造成了当前“三农”问题，正如给时任总理朱镕基上书的湖北监利县棋盘乡党委书记的李昌平所说的：“农民真苦，农村真穷，农业真危险。”也正如党的十七届三中全会所指出的“农业基础仍然薄弱，最需要加强；农村发展仍然滞后，最需要扶持；农民增收仍然困难，最需要加快。”解决“三农”问题，除了从体制上进行改革之外，最重要的还是要从培育新型农民着手，因为没有新型的农民，就没有农业的现代化、就没有新农村，也就没有适应时代发展的新农民。

1. 新型职业农民是农业现代化的重要推动者

农业现代化是社会主义现代化建设的重要内容。我国是一个农业大国，农村人口占多数。即使将来城镇化达到一定水平，仍然会有大量人口继续在农村生活。在推进现代化的过程中，农业比重逐步下降是客观规律，但农业的地位和作用丝毫没有降低，反而更加重要。农业丰则基础强，农民富则国家盛，农村稳则社会安。没有农业现代化就没有国家现代化，没有农村繁荣稳定就没有全国繁荣稳定，没有农民全面小康就没有全国人民全面小康。全面建设小康社会的重点和难点在农村，实现农业现代化是整个现代化进程中最为艰巨的任务。只有大力推进农业现代化，才能为全面建设小康社会、加快推进社会主义现代化奠定坚实的物质基础。

农业现代化是建设社会主义新农村的首要任务。推进农业现代化，促进农业生产发展，是社会主义新农村建设的首要任务，在社会主义新农村建设各项目标中处于中心地位。农业现代化既为改善农民生活、改变农村面貌提供重要保障，也为加强农村社会主义民主政治建设和精神文明建设提供物质条件。没有农业现代化，新农村建设就成了无源之水、无本之木。农业现代化进程快慢、成果大小，直接决定着新农村建设的进展和成效。只有大力推进农业现代化，加快实现由传统农业向现代农业转变，才能加快推进社会主义新农村建设进程。

农业的现代化，要求当代农民适应时代的需要，要求农民有文化、懂技术、会经营。没有高素质的农民，任何物质技术装备都难以发挥作用。加快培养新型农民，为推进农业现代化建设提供强大的人才智力支持。

2. 新型农民是新农村建设的主体

新农村建设是一项宏大的工程，要完成这项长期的、艰巨的历史任务，不仅需要政府的投入、社会各方面的支持，而且需要有亿万农民的广泛参与，他们是新农村建设的最基本的力量。中国的农民长期生活在农村，最熟悉、最了解农村的基本情况，他们对新农村建设的政策有切身的体会，他们的意见是最直接的、最真实的和最有价值的，充分发挥广大农民的聪明才智，才能有利于新农村建设的顺利进行。当然，要做到这一点，对当代中国农民也提出了新的要求，广大的农民不仅要提高自己的文化水平、技术技能，使自己成为适应时代发展需要的新型农民，投入到新农村建设的伟大实践中，贡献自己的智慧，改变自己的家乡面貌，提高自己的生活水平。

3. 适应新时代新形势的新型农民

进入 21 世纪，中国的农业、农村、农民站在了新的历史起点上，中国正在经历工业化、城镇化、市场化、国际化和信息化的洗礼。在这种新形势下，农业现代化、新农村建设，以及增加农民收入、培育现代新型农民，是对当代中国农民全新的要求、全新的考验和全新的挑战。如何在工业化、城镇化、市场化、国际化和信息化进程中发展现代农业、建设新农村并增加收入和改善生活，成为当代中国农民必须面对和思考的问题。

举一个简单的例子，由美国金融危机引发的全球性的经济危机，波及中国，对中国的出口造成冲击，对中国的农产品出口也造成了不小的冲击，这也是全球化、国际化的结果。如果作为当代新型农民不了解经济危机是怎么回事，不了解为什么出口受阻等问题，可能使得自己农产品积压或变质腐烂，造成不必要的损失。如果了解了经济危机是怎么回事，就会想办法减少损失或者将损失降到最低程度，甚至如果经验丰富，有经营意识，会化危机为机会，使自己做得更好。这才是新型职业农民，才是适应新时代新形势的新型职业农民。

第二章　新型职业农民的素质要求

适应工业化、城镇化、市场化、国际化和信息化的新形势新任务，建设社会主义新农村，是党中央从全面落实科学发展观，构建社会主义和谐社会的战略高度，着眼于加快推进现代化，实现全面建设小康社会的奋斗目标提出的一项重大历史任务。完成这一历史任务，一个重要的关键是大力培养和造就一代新型职业农民，充分发挥其在社会主义新农村建设中的主力军作用。

社会主义新农村建设需要千万建设者的共同奋斗，广大农民是社会主义新农村建设的主体。新型职业农民作为新农村建设的先进生产力因素，是推进社会主义新农村建设最具活力、最能发挥作用的力量。从这个意义上讲，新型职业农民是新农村建设的最重要主体部分。按照以人为本的要求，建设社会主义新农村，不仅是农村经济社会的全面协调可持续发展，还需要广大农村实现人的全面发展。面临建设社会主义新农村的伟大历史任务，我们必须培养和造就一代适应社会主义新农村建设需要的新型职业农民，充分发挥新型职业农民的主力军作用。培养和造就千百万新型职业农民不仅是建设社会主义新农村的关键，也是当前建设社会主义新农村的迫切要求。

新农村建设呼唤新型职业农民，培养新型职业农民已成为新农村建设的当务之急。培养和造就新型职业农民是社会主义新农村建设的重要基础，没有新型农民这支主力军，是不可能推进农村生产力发展的；培养和造就新型职业农民是统筹城乡经济社会发展的必然要求，没有农民素质的提高，是不能促进传统农业向现代农业转变；培养和造就新型职业农民是增加农民收入的重要途径，没有掌握和运用一定科技知识的农民，大量的农业科技成果是不能快速转化为现实生产力的。

新型职业农民作为社会主义新农村建设的主力军，必须具备一定的素质、能力和本领，才能在建设社会主义新农村中领军带头，发挥作用。党的十六届五中全会对新型农民的要求作了阐述，明确提出培养有文化、懂技术、会经营的新型农民。当然，这样对于中国的农民来说显然还不够，新型农民还应该是“晓政策、建组织、讲文明”的农民。

第一节　有文化

有文化是对新型农民提高文化素质提出的要求。社会主义新农村建设需要农民具有一定文化知识和基本文化能力。只有具备与现代化进程相适应的文化素质的新型农民，才能在新农村建设中发挥带头作用。

一、我国农民文化素质有待提高

目前，我国农民平均受教育程度年限不足7.3年，小学文化程度和文盲半文盲占40.31%，初中文化程度占48.07%，高中以上文化程度仅占11.62%。农民中参加过绿色证书、青年农民培训和其他职业资格证书培训的人数为 2000 万，相对于 4.8 亿多庞大的农村劳动力而言，几乎是微乎其微。

我国农民整体教育素质与国外农民教育素质比较，还有一定的距离。就成人识字率比较，根据世界银行最新数据显示，2005 年，中国成人识字率为 90.9%，美国为 99%，日本为 99%，韩国为 97.9%，巴西为 88.6%，印度为 61.3%，中国成人识字率比巴西和印度高，但与美国、日本等国家还存在较大差距。作为亚洲的发展国之一，印度在教育发展和人力资源开发的战略选择方面，面临与中国相同的挑战：既要向每一个儿童提供接受义务教育的机会，又要大力开发人力资源，尤其是受过高等教育的人才。近年来，印度政府一直在努力进行教育改革，建立统一的学校制度，极力扫除文盲，普及义务教育，提高教育教学的质量，尽量为所有公民提供受教育的机会，但由于经费、人口等原因，成效不太明显。

就综合入学率比较，2008 年中国小学、中学和大学综合入学率为 68%，美国为 99%，日本为 84%，韩国为 92%，巴西为 92%，印度为 55%，中国综合入学率虽然比印度高，但比美国、日本等国家低。综合入学率是衡量教育产出的一个重要指标，从这个指标可以看出，中国教育产出水平还比较低，和发达国家相比还有很大的差距。

就教育经费支出比较，近几年来，中国的公共教育经费总量、公共教育经费占国民生产总值的比例、人均公共教育经费等与日本、美国、挪威等发达国家相比存在较大差距。由此可见，我国教育投入偏少，教育物质技术条件较差。因此，增加政府的教育投入，改善办学条件，是进一步发展教育事业满足居民教育需求的重要举措。

“有文化”要求当代我国农民不仅具有科学文化知识，还要具有实践的能力。“培养同现代化要求相适应的数以亿计高素质的劳动者和数以千计的专门人才，发挥我国巨大的人力资源优势，关系21世纪社会主义事业的全局。”可以说，占我国人口多数的农民全体文化教育素质如何，关系到国家的兴衰。

“有文化”要求农民具有现代化的思维方式和价值观念。农民具有现代化的思维方式和价值观念，实际上要求提高农民的文化素质。相对于传统农业社会的农民而言，现代社会的农民主体意识强，农民要适应新时代的需要，接受新观念，适应现代化过程中生活方式和生产方式的改变。在市场经济条件下，还要适应市场经济条件的发展变化，转变思维方式和价值观念，改变小农意识和保守思想，增强成就动机和进取精神。致富发家不再局限于下田种地，除了种地，加工、收购农产品、外出打工、自主创业等都能够增加收入，这一切的前提则是要具有现代化的思维方式和价值观念。

随着社会的发展，新农村的建设，以及城市化进程的加快，不同程度带来农民生活方式的巨大变革，农民职业意识、消费方式都发生了很大变化。不论职业的选择，还是消费方式的变化，都体现了现代化生活方式的基本要求。就消费方式而言，现在整个社会由原来的短缺经济已经转变为剩余经济，在这样一个大背景下，对农民来说要改变原来传统的消费方式，合理消费、科学消费，既要增加收入，又能够改善生活。科学合理安排自己和家庭的衣食住行，以及健康的生活方式，这都需要提高农民的科学文化素质。在我们身边的能人，他们之所以是能人，其中一个基本的特点就是有文化。

二、新型职业农民是有文化的农民

现如今，如果没有文化，用我们农民朋友自己的话说，就是“睁眼瞎”。没有文化，作为一个新型职业农民，就不可能学会掌握并充分利用一定的技术，使得自己迅速走上致富路；就不能学会使用现代化的农业机械设备，如联合收割机等大型机械设备；就不懂得玻璃温室、塑料温室、塑料大棚、日光温室等种植产量比露天生产多多少，以及各自的优缺点是什么；就不懂得农业技术给农业生产带来多大的价值；就不懂得科学施肥施药技术；就不懂得循环农业发展模式究竟是怎么回事；就不懂得建立农民自己的组织协会以组织生产、销售、加工等；就不懂得农产品的生产加工标准，就不懂得标准化生产；就不懂得创立农业品牌、有机食品标志、食物安全问题；就不懂得组织举办和参加各类农产品展示展销会；就不会认识、判断市场变化行情，就不懂得物价上涨或下降对农业生产、农产品的销售的影响；就不懂得农业产品销售量下降原来与美国的金融危机关系很大；就不懂得经济危机对农业的影响；就不懂得究竟是外出打工还是留在家乡继续从事农业生产；就不懂得农业补贴是怎么回事，就不懂得如何充分利用惠农政策；就不懂得新型农村合作医疗究竟对谁有用、对谁有利，等等。

福建省南安市农民迈向 e 时代说明了什么才是有文化的新型职业农民。根据报道，福建省南安市康美镇兰田村村民许祖辉每天上午打开电脑，进入自己在“世纪之村”网站上开设的“农家店”。以前，他是骑着摩托到处推销，现在，他是坐在家里等电话，足不出户销四方。谈起自己的致富经，许祖辉把它归功于“世纪之村”。2004 年许祖辉种起了蘑菇，以前他一天卖两三百斤，自从成了“世纪之村”的用户，他一天销售 2500 多公斤。

创办“世纪之村”农村信息化服务平台的兰田村党支部书记常挂在嘴边的一句话：“没有新型农民，就没有新农村。”为向群众普及科学知识、传播科学文化，2006 年 2 月，他率先在兰田村创办“南安市新农民培训学校”。这是该省第一家经教育主管部门批准的村级民办公益学校，面向村民开展农业科技、职业技能、微机信息技术及各种培训。

2006 年，南安市兰田村新农民素质培训学校与北京友友新创系统技术股份有限公司合作，聘请了多位赴美留学回国的科研专家，投入 400 多万元，开发了“世纪之村”农村信息化服务平台。“世纪之村”由两大模块组成。一是村务管理及公开模块，具备政府监管、村务管理、村财电算化、农村社区服务等四大功能。二是农村市场服务模块，它具备农家店、劳务需求、星火科技培训、企业展品等四大功能。广大农民借助“世纪之村”农村信息化服务平台，不但可以了解村务公开、监督村财管理等事项，还能发布供求信息当“网店”老板，也能接受科技培训上“网校”。

村党支部书记自豪地说，“上‘世纪之村’开网店，点击村务当上‘明白人’，兰田村已迈向‘e 时代’。”十届政协全国常委、全国扶贫开发协会会长胡富国对“世纪之村”给予了高度评价：“这是为民办实事的一个重要举措。它具有创新性、先进性、适用性和可复制性，技术和理念全国领先，破解了全国性的难题。”

80 多岁的兰田村民曾阿婆，一家儿孙都在外地打工，她自己养了些鸡、鸭吃不完，到“农家店”发布个销售信息，立马有人跟阿婆取得联系。当然上了岁数的阿婆不会上网，但遍布全村的 10 多个信息点，可以方便快速地将各类销售信息发布到网络上。

目前，“世纪之村”已经在南安所有 416 个村推广使用，仅财务管理功能一项，可为政府节约管理成本超过 400 万元；村务公开系统在泉州快速推广，其中南安 80%以上的村已经利用村务平台将党务、计生等内容进行网上公开；农家店模块目前在南安重点示范，已在全市 26 个乡镇建立 100 多个信息站，并培养了相应数量的信息员以及草根物流配送队伍，为数万农民提供信息源和服务。从今年开始，泉州市将用两年时间，将“世纪之村”网络平台覆盖到所有村，以提高社会主义新农村的民主管理和信息化水平。

广大的农民朋友一方面羡慕福建南安市农民，另一方面自然会问为什么福建南安农民能够迈向 e 时代这样的问题。原因当然很简单，就是南安农民有文化。

广西壮族自治区崇左市龙州县水口镇农民学习文化知识的事例，同样说明了当代新型农民必须是有文化的从业者。根据《左江日报》报道，近年来，在广西壮族自治区崇左市龙州县水口镇，部分农民不断创新思路，充分利用自己的文化知识，学习科技知识，通过科技知识很快走上了致富路。

“家门口”接受知识致富快。水口镇罗回村板排屯黑皮果蔗种植大户农国强在技术指导员的帮助下，今年种植的黑皮果蔗比往年多增产 6 吨左右，增加收入 5000 多元。这两年来，水口镇组织农业技术人员到田间地头，为农民讲解相关农技知识，使农民科技种养水平不断提高。不少农民成了当地调整产业结构、发展特色种养的“土行家”。

“吃技术饭”巧致富。水口镇合平村上塘屯青年农民利用自己在农民工培训班学到的一技之长在深圳一家电子厂打工，每月收入2500多元。目前，青年农民学到技术外出务工在该镇达100多人。为拓宽农民的就业空间，该镇分期分批对外出务工农民进行技术培训。同时根据市场需求，对在家创业的农民进行实用技术培训，力求使农民掌握一到两门实用技术。如今，一批“吃技术饭”的农民日子越过越红火。

远程教育助致富。“2008年，我家饲养的生猪每斤比市场价高出3毛钱，现出栏60头就多收入了3600多元，这全得益于远程教育信息网给我提供的市场信息。”提起远程教育信息网，水口镇埂宜村下灶屯农民黄康清激动之情溢于言表。2008年来，该镇以远程教育“村村通”活动为载体，推进农业信息进村入户，打造农业信息服务平台，为广大农民增收致富装上了“千里眼”，有效解决了农业信息服务的相关问题，为农民增收添了个“好助手”。

水口镇农民事例给我们当代农民一个重要的启示就是，有文化更好，没有文化也不要紧，要紧的是就是去学文化、学技术，当有了文化，技术、观念的问题就容易解决了。

有文化了用文化，没有文化学文化。当前我国农民迫切希望学习文化，提高自己的素质，希望借助自己的文化尽快踏上致富路。浙江有文化新型农民的培训表明了当前农民对文化知识的渴望。

浙江省实施“扶千名人才、促千村发展”计划，2006年在211个欠发达地区乡镇招收25周岁以下、具有高中文化、从事农林业生产的贫困农民子女开展成人学历教育。该计划首批招收的95名林业技术专业学生由浙江林学院负责培养（其中两名学生因参军而保留学籍）。2006年2月23日，温州市选拔出的19名来自文成、泰顺、永嘉等偏远欠发达地区农民背负行囊，赶赴浙江林学院，开始了他们脱产两年的学习。如今开学已经一个多月了，他们在林学院学习生活得如何呢？作为正在接受学历教育新一代大学生农民对学文化是有怎样的感触呢？相信《温州日报》记者杨斌英与他们的对话，将会给我们当代农民有更多有益的启示：

郑月先：工作了，但还想再拿起书本，人生如舞台，不同的时间在扮演着不同的角色……

我叫郑月先，是浙江省93位农民大学生之一，是来自温州泰顺柳峰乡梧村——一个欠发达的山村。在我们梧村，四周都是山，原本尘土飞扬的公路终于在去年铺上了柏油。这条路车来车往，从村里通向村外……

自小我就目睹和体验了作为农民的艰辛。在家里，我排行老三，五个兄弟姐妹，父母都是淳朴的农民，靠着几亩地过生活。他们最大的事业就是一生耕种在庄稼地里，辛辛苦苦把子女拉扯大。

原本，我的一生也该如此，但高中毕业的我在温州城里找了份文秘的工作。农村与城市的生活天壤之别，在城市里生活，尽管文秘的工作很简单，但周围的人却一点也不简单。他们有知识、有文化、懂电脑……工作中的我总想拿本书看看。后来，我的一位小学老师帮我争取了一个代课的机会——在邻村教学前班。我想，教书有更多的课余时间可以看书，重拾书本一直是我的梦想。

2005年对我来说是一个转折年，因为省里出了个“扶千名人才，促千村发展”计划，招收25周岁以下具有高中文化，从事农林业生产的贫困农民子女开展成人学历教育。我争取到了这个机会去参加考试，走过了全省统考的关卡，走进了林学院。

当我真正走进林学院那一刻，兴奋之余，更深感自己责任重大。林学院是一个理想的学习场所。以前总以为农民就是种种地嘛，没想到种地的学问大着呢！我们所学的课程都是院里为我们精心安排的，一周二十六节：气象学、植物资源学、植物营养与肥料等。学校针对我们的特殊情况，重点培养我们的实践技能，强调可操作性、实用性，让我们能真正学有所成。

至于说，我们与别的大学生有没有什么不同之处？在我眼里，大家毕业后都是为社会献一份力量的！只是我们是来于农村，将来要回归农村，扎根农村，要做一个新型的农民。我们的目的是学到技术，能够激活农村应有的活力，促进城乡均衡发展，实现农村快速发展的梦想。

未走入林学院之前，似乎生命的无奈早已洞穿了童年的憧憬。但现在不同了，我会一直勇敢地走向远方，因为我有知识，有梦想的指引。

王启城：我过上了大学生活

我，一个在泰顺山旮旯里的男孩子。读完高中后就去杭州城里打工了，原本一辈子也许都要过着“做一天是一天”的打工生活，唯一的改变我想是“多年媳妇熬成婆”，从一个酒店的小小学徒“熬”成一个厨师。然而生命的际遇总是那么奇妙。

2005 年 9 月，我刚在杭州某酒店做学徒已经快三个月了。学徒的生活让我来不及思考，每天从早忙到晚，在厨房的油烟里迷迷茫茫。直到接到父亲的电话，说村支书来找他，有一个免费上大学的机会给贫困农民的子女，让我早点回家去报名。

我振奋了，我开始想着我以后的人生，不会在油烟里度过一生，而要在大学里实现我的梦想。我收拾行装，离开了杭州，回到了泰顺。没想到正值台风“泰利”肆虐，杭州到泰顺的车在泰顺的山路上停了下来，整整两天一夜。人被堵在路上，心却焦急地想飞回家。最后，我徒步了好几个小时的路，迫不及待赶去报名。

当我再一次踏上杭城的时候，我已经不再是一个打工仔了，真不敢相信，我已经是一名大学生了。大学生活和以前截然不同，虽然还是一样的忙碌，但忙碌的是自己的学业，累也开心。平时还有空和同学一起打打球，不再是一天十多个小时跟油烟打交道。但毕业离开学校有一段时间了，差距也难免，上课的时候，尽管竖起了耳朵，但还是会听不懂。听不懂的时候，我会告诉自己，我要再加把劲，我是农民的子女。

努力学习，这是我现在唯一能做的。这样，将来想为家乡创点小事业也就有心有力，把所学的用在我们那个并不发达的山村，让我们山村里多出几个农民大学生。

陈娟新：心中总有莫名的冲动

我来自温州苍南一个欠发达的山村。

时间飞逝，转眼间已踏入了浙江林学院的门槛，成了其中的一员。每当想到这里，心中总会莫名地感慨——以前总是觉得读书苦、读书累，也因为家境不太好，不忍父母为每年的学费而愁苦，所以在学业上总是有点漫不经心的。看着年近半百的父亲，每天为了我的学费而在家里不辞辛苦地忙碌着，就老想着早点结束学业，出来打工赚钱。

终于高中的生活在一个酷暑宣告结束，成绩可想而知——不太理想，而我却如愿以偿地开始了我的打工经历。刚开始为了找份工作，到处打听，因为刚从学校出来，没有工作经验，处处碰壁，遭冷遇，后来通过朋友介绍，进了一家海鲜楼当服务员。当初还觉得放弃学业打工不会后悔，但渐渐地发觉自己的想法错了，每天早出晚归，上班下班，有时甚至忙到晚上12点，一天到晚干十几个小时，而生活始终单调如一，周而复始。家里独女的我，还得随时听从顾客的召唤，一不小心，就得遭人骂。

很多深夜，我失眠了，觉得自己有书不好好读真傻，即使要打工也可以等自己完成学业，学好技术，到时再出来也可以嘛！年幼的我，也许是生命的眷顾给我送来了“后悔药”——去年8月底，乡政府来找我，说有一个让我免费读大学的机会，但要我自己争取。当时我就想，现在也不用父母为我的学费担心了，说什么也不能让这次机会溜走，一定要把握住。

终于，浙江林学院的录取通知书来了，报名的那天，受到了老师们的热诚招待，他们说，要教我们一些实用性的知识，让我们在这两年时间里学到本领，回去为建设社会主义新农村服务。听到这里，我心中又涌起了那种莫名的冲动，我知道我的生活从此不一样了，在这两年时间里，我的主要任务就是好好学点本事，这样两年后回家才能好好地为我们的农村服务。

这一批农民大学生学习时间为两年，前一年半，他们主要学习与农林业相关的基本理论技能和实用技术方法，比如森林病虫害防治学、经济果林培育学等。后半年将各自结合自己所在村农林产业发展的需要，策划一些促进村经济发展的项目，并与林学院专家建立长期联系，带动该村农业经济的发展。

来自偏远地区的农民大学生来到大城市后，他们深刻地感受到了家乡的贫穷落后，他们发自内心地希望用自己学会的知识来改变家乡的贫穷，使家乡也像城市那样富裕丰饶。他们非常珍惜这个难得的机会，希望做一个有文化的新型农民，为家乡尽一份心力。

这些正在接受大学教育的农民表现出对文化知识的渴望，以及他们对学习文化知识机会的珍视，充分表明文化知识对于当代新型农民的重要性。大学生是这样，我们文化素质普遍偏低的农民更应该有紧迫感。没文化不要紧，要紧的是如何想法抓紧学习文化知识，让文化知识武装自己，让文化知识帮助我们插上致富的翅膀。有一定文化知识的农民一方面能够利用自己的文化知识快速致富，另一方面又进一步学习新的文化知识，使得自己的文化知识能够及时得到更新，跟得上快速发展变化的形势。上述有文化的新型农民已经给我们广大的农民朋友树立了非常好的标杆。

第二节　懂技术

懂技术是对新型农民掌握新农村建设技能技术的要求。社会主义新农村建设需要农民掌握一定的科学技术知识、劳动经验和生产技能。只有具备与现代农业相适应的技能技术的新型农民，才能在新农村建设中成为真正的受益人，才能在新农村建设中成为领军人。中国有句古话："授人以鱼，不如授人以渔。"就是说给人一条鱼，只能解决一时吃饭问题，却不能解决长久吃饭问题，如果想要解决长久的吃饭问题，那就要学会钓鱼的方法，掌握了钓鱼的方法，还发愁吃饭的问题吗？这就说明给予别人东西，远远不如传授给别人学习知识或者获得东西的方法，相信这个道理大多数农民是明白的。

那么自然会遇到这样一个问题，农民愿意学什么样的技术呢？我们都清楚，农民现在不论是出去打工挣钱，还是留在家乡种地经营致富，都必须有知识、有技能，原来那种仅靠体力赚钱的时代已经成为历史。美国有一个学者叫舒尔茨曾经说过："没有世界上第一流的农民，也就没有世界上第一流的农业。知识就是农业现代化的力量。"在世界上很多发达的国家，教育科技对生产的贡献率都很大。就中国的农民而言，如果没有掌握一定的科学技术，种地却不能增加收入，打工只能做体力活，吃苦却不赚钱。那些能够致富发家的人多数有一技之长，他们利用自己所掌握的科技知识、技术技能获得了比没有技术仅靠体力劳动的农民更多的收入。这就是技术的力量和魅力。

一、我国农民技术水平有待于进一步提高

目前，我国农民生产技能素质正在由掌握传统生产技能向掌握现代生产技能转变，但与加快我国农业和农民实现现代化的要求还很不适应，削弱了我国农产品国际竞争力。与发达国家相比较，我国农民的科技素质有待提高。就农业劳动生产率而言，一个国家农业生产率，具体体现在劳动生产率上，没有较高的劳动生产率，就不可能拥有较强的国际竞争力。我国的劳动生产率却远远落在发达国家后面，其根源在于农村劳动力转移迟缓，很多农民处于隐性失业状态，并且大量农业生产严重依赖自然环境、简单的农业劳动或者较少的科技投入。

就土地产出率而言，由于科技发展以及社会经济条件的限制，使得中国农业生产水平与发达国家之间有明显的差距。据估计，中国农业科技水平与国际先进水平总体差距为15～20年。特别是在高科技方面，如农业生物技术，我国的基础研究和产业化进程与发达国家有较大的差距；在微生物农药、基因工程、兽用疫苗、人工种子等方面，与发达国家至少相差10～15年；在电子计算机农业应用方面，我国农业领域仅有10多年的历史，与发达国家农业数据处理、农业专家系统、农业计算机网络、农业信息实时处理等的广泛应用相比，至少相差20年。对于各国农民在掌握农业科技能力和享用农业科技资源方面的差距，农业单产便是一个较好的指标。

我国在过去20年里，谷物单产年平均增长3.56%，广大发展中国家只有2%左右，但当前水平与美国、法国和埃

及等相比仍旧落后较多。我国谷物单产在发展中国家是比较高的，但远远低于美国、法国和荷兰等国。其中，小麦的单产约比美国高30%，但与法国、埃及和荷兰等国相比仍旧存在较大差距。另外，玉米单产略高于世界平均水平，而大豆单产还低于世界平均水平，与高产国家相比，更是落后。我国土地生产率持续提高，除了科技进步之外，很大程度上得益于我国劳动密集型耕种方式，包括多熟制、间作套种和灌溉面积的扩大。这就意味着我国粮食单产仍有较大提高空间。就农用机械化水平而言，对耕地是否实现耕作机械化，这是衡量农业是否实现经营规模化、现代化的重要杠杆，也是能否提高农业生产率的关键所在。当今世界现代化农业，都具有耕作机械化、经营规模化、生产手段科技化、管理规范化和营销国际化的特征。其中，耕地耕作机械化则是农业现代化的基础，农业经济发达国家的农业都是在农业机械化基础上起飞的，如美国、欧盟、日本和加拿大等国家和地区无一例外。

虽然与澳大利亚相比，我国农业机械化的水平较高，但与美国、日本、法国等真正农业机械化水平高的国家相比，我国的农业机械化水平仍然偏低。自1946年以后，美国的农业已开始步入全盘机械化时期。当前，已进入全盘机械化、自动化时期。不但大田谷物生产已全部机械化，而且那些机械化难度大的作业，如马铃薯、甜菜等的收获，番茄、葡萄等水果的采摘也实现了机械化，并且畜禽养殖业的机械化程度也很高。

就农业科学而言，从20世纪80年代中期以来，技术进步成为农业生产增长的原动力。农业高科技产业化过程将更进一步扩展和加快农业现代化进程，也将极大地提高农业劳动生产率和土地生产率以及农业增长中的科技贡献率，从而促进农业持续发展。在过去的若干年中，虽然我国农业科技人员在培养三大粮食作物优良高产品种方面取得了巨大的成就，但农业科研仍没有充分发挥其潜在作用，具体表现在当前农业生产成本高、资源利用率低和农产品质量低等方面。与世界其他国家相比，我国农民享用的农业资源还存在较大差距，主要表现在三个方面：

一是资源约束，科研经费投入不足。政府投资于科研的主要动因是科研能诱导农业生产力的提高。为获得农业生产力的巨大增长，世界各国在农业科研投入的力度上都在不断增强。但是，我国政府对农业科研的支出却没有随着经济的增长而迅速增长，国家财政用于农业科研开发的支出占农业财政支出较低，1992～2000 年都不到 1%，1998 年后有所增长，但仍很低。大部分的农业财政支出用于基础建设，用于科研开发的投入相对较低。

二是人才约束，农业科研人员投入规模小。尽管农业科研人员的投入有较大的绝对规模，但与农业部门本身的规模相比，人员的投入仍存在相对不足。从百万农业经济活动人口所拥有的农业科研人员数量看，农业科研人员投入的相对规模不仅大大低于发达国家，而且也低于发展中国家的平均水平。截至目前我国每百万农业经济活动人口所拥有的农业科技人员，徘徊在世界平均水平左右。

三是农业科研成果推广和应用转化率低。据不完全统计，我国平均每年有 7000 多项农业科研成果，有 2500 项成果获得省部级以上奖励。但据估计，农业科技成果的转化率仅为 30%～40%，真正具有规模的甚至不到 20%，多数技术研制出来后，被束之高阁，不能发挥实际作用。而美国科技成果的转化率达 80％～85％，其他的农业大国，如英国、法国、德国也在 50％～60％。我国目前的农业科技推广集约率水平不仅低于工业化的发达国家，甚至低于世界低收入的国家。

德国通过工业化实现农业现代化给我们非常有益的启示。20 世纪 50 年代中期以后，德国农业现代化真正开始，这时期开展了农业技术革命，加强了农业生产过程中的机械化、电气化和化学化，并广泛采用农业生物化学和生物物理等方面的新技术，使农业生产迅速发展，劳动生产率成倍提高。

70 年代以后，德国农业生产普遍实现了机械化、电气化和化学化。在广泛采用现代农业先进技术的同时，化肥和农药的使用量也大为增加，结果使农产品供应总量得以显著增长，农产品自给率达到 80％～90％，部分产品出现过剩。

80 年代德国的农业现代化进一步发展。农业机械出现了不断增大马力和功率的趋势，拖拉机和收割机的数量明显下降，但效率提高，成本费用率下降；研制和发展施用化肥和农药用的高效、封闭式、不污染环境的农用机械；农药的生产向高效、低毒方向发展，并生产生物制剂，采用生物防治及综合防治方法以保护环境，德国的绿色农业也由此应运而生。

90 年代以后，德国研究在农业生产中采用地理信息系统、全球定位系统和卫星遥感等技术结合在一起的所谓精准农业技术，这些技术的采用不仅大大提高了农业生产效率、增加了产量，还有效减少了化肥和农药的使用量，有利于环境的保护。除此以外，德国政府还积极支持生物技术研究，努力促进综合农业、生态农业的开展，这些技术的成功推广使德国农业现代化进程明显加快。

上述比较及事例，一方面说明没有农民科技现代化，就没有农业的现代化，就没有农民生产方式的现代化；另一方面说明我国农民所掌握的科学技术十分有限。造成这种结果既有客观原因，更有主观原因，这也导致了当前我国农民，特别是年轻的一代农民普遍存在的一个现象：种地不如老子，养猪不如嫂子。通俗地说，作为新型的职业农民必须有技术，种地要有种地的技术，打工要有打工的技术。

二、提高当代农民科技水平

作为职业农民，要求掌握现代化的农业生产技术，首先是农业生产工具的现代化。随着技术的进步，农业机械化程度越来越高，机械和电力，甚至电子产品在农业生产中广泛使用，大幅度提高了劳动生产率，同时减轻了劳动强度。过去，北方农民拿镰刀收小麦，累死累活也就是 1 人 1 天割 1 亩左右，而且还是手脚麻利的熟练工。现在变了，大型联合收割机东西南北一路扫过，没几天整个小麦产区收割结束了。而驾驶这些大型收割机的就是掌握机械化技术的新型农民，他们高高地在机器上，你看多神气。他们不仅给广大的小麦区农民带来了方便，同时大大提高了他们自己的收入，两全其美。同时，良种是产量高低、产品好坏的决定因素。不掌握现代科学技术，就不能得到培育和使用良种，如基因工程、生物技术、杂交育种技术、人工授精技术等。

我国约有 2 亿农民外出打工，这个庞大的群体，也要掌握技术。年轻的女工会缝纫技术，才能到东南沿海的玩具厂、针织厂找到工作；年轻的小伙儿要会开车，开搅拌机、升降机、大吊车等，使用水平仪、看简单图纸、掌握电焊技术、安装技术等，这样才能在城市里建筑工地找到工作，才能立稳脚跟。如果懂电脑，聪明伶俐，吃苦耐劳，那说不定还会做一份白领工作呢！

随着科技的飞速发展，不仅农业生产技术现代化了，农民的生产方式也现代化了，特别是随着生产商品化、社会化、专业化的高度发达，农民的生产方式由小农分散的生产经营逐渐转变为现代化、集约化、规模化的经营方式，促使农民最终由过去的经验型向现代的科技型转化。

河南夏邑县立足“一村一品”培养新型农民的实践，很好地回答了怎样推进农业现代化，提高农民的科技素质和生产技能的问题。

根据河南夏邑县领导许家林介绍，夏邑县地处豫、鲁、苏、皖四省接合部，全县耕地面积148万亩，人口113.6万，是传统的农业大县。为尽快实现由农业大县向农业强县的跨越，近些年来，夏邑县立足县情，大力开展了以绿色证书教育为主体的农民职业技术培训，按照“开设一个专业，办好一个教学班，搞好一个生产示范点，培养一批科技骨干，扶植一项支柱产业，致富一方群众”的办学模式，探索出了一条培育新型农民，引导农民发展“一村一品”产业的行之有效的路子。

河南省夏邑县坚持把教学培训与高效产业发展相结合，提出了“围绕市场选产业，根据产业办专业，办好专业促产业”的培训工作思路，紧紧围绕发展农业支柱产业和发展“一村一品”的需要，以农民需求为导向，以促进农民增收为目标，从当地实际出发开展培训。坚持把教学培训班办到村，每年每个乡镇选择 2 个村，并针对各村的实际，一个村开设一个专业，培训一年时间。坚持培训、示范、推广、服务一体化。坚持教学培训工作规范化，加强培训管理，确保培训质量和效益，达到“办一班，兴一业，富一方”的效果。

通过扎扎实实开展培训工作，使农民不离乡不离土就能学到实实在在的劳动技能。据统计，夏邑县累计培训出取得大中专学历的农民近 6000 人，参加“绿色证书”培训的农民 6 万余人，实用技术培训达 85 万人次，有 15000 多名农民成为科技示范户和专业大户，12000 多人发展成为农民经纪人。

通过培训，不仅促进了科学技术、科技成果的推广和普及，而且还带动形成了专业村，使全县种植业、养殖业逐步形成了专业化、区域化和规模化，有力推进了粮食、棉花、蔬菜、食用菌、果树、养殖等支柱产业和“一村一品”专业村的形成，促进了农村区域经济的发展和农民增收。目前夏邑县形成种植、养殖、农产品加工等各类特色专业村达 400 个。车站镇程大庄西村原是个传统农业穷村，从 2000 年起通过培训新型农民，发展食用菌生产，成为“一村一品”的典型。该村 2006 年有农户 520 户，从事双孢菇种植的农户达 480 户，发展双孢菇大棚 720 座，种植双孢菇 36 万平方米，年产双孢菇 6200 吨，产值 2600 万元，仅双孢菇一项年效益 1300 万元，人均增收 5700 元。2007 年 1 月该村被评为“全国小蘑菇新农村建设示范村”。

目前，全县已有大约 2 万余人从事食用菌生产。其他产业如果树、蔬菜、养殖、木材加工也出现了一批颇具规模的专业村。目前，夏邑已成为全国粮食生产大县，全国优质棉、优质苹果基地县，全国秸秆养牛示范县，全国小蘑菇新农村建设优秀示范县。

农业的快速发展带动了全县经济的发展，成为河南省发展较快的县之一。全县城乡面貌发生了显著变化，在全省较早实现了村村路通、电通、电话通、有线电视通、网络通。

新型农民不仅要懂技术，而且要将技术运用到具体的生产实践之中，既要利用掌握的技术增加收入，又要增加科技含量。2008 年 12 月我们参观了位于广西兴安崔家乡高泽村现代循环农业示范基地，这个基地给农民朋友们提供了非常好的示范。我们在调查中，该县领导、公司领导，以及公司技术人员介绍了现代循环农业的基本情况，同时了解到技术在循环农业中的应用情况以及带来的丰厚收入。

循环农业示范基地包括甜玉米、双孢蘑菇示范基地 360 亩，肉牛、奶牛养殖基地 200 亩，通过“甜玉米＋养牛＋食用菌栽培＋甜玉米、菇、牛肉深加工”产业链的有效连接，充分利用原材料，形成现代农业循环经济，效益比单一农业显著增加，现已建成牛舍 8 栋，面积 3300 平方米，已养殖西门塔尔良种肉牛近 400 头，荷斯坦产奶牛 60 头，种植双孢蘑菇 4 万平方米。该基地养殖肉牛主要是充分利用桂果公司生产甜玉米罐头的下脚料……玉米叶、玉米棒以及甜玉米秆做饲料，既净化了环境，又延长了资源产业链。

基地努力争取达到周边农民与公司实现双赢。该基地采用土地流转模式租赁农民土地进行连片开发，然后以整块田地形式承包给种植手按照“公司＋基地＋标准化”标准种植甜玉米、蘑菇，最后公司全部订单回收产品及秸秆。公司规划基地2009年达到2000头养殖规模，并在建一个5000头规模的肉牛养殖场，以订单形式带动周边农户养殖肉牛10000头，以土地流传订单模式建立甜玉米、蘑菇种植示范基地1000亩，使循环农业模式在该乡全面推广。

那么，什么是循环经济呢？循环经济是对物质闭环流动型经济的简称。循环经济在本质上是一种生态经济，它要求运用生态学规律来指导人类社会的经济活动。它是以人类可持续发展为增长目的、以循环利用的资源和环境为物质基础，充分满足人类物质财富需求，生产者、消费者和分解者高效协调的经济形态。

循环经济与传统经济是不一样的。传统经济是一种由"资源—产品—污染排放"所构成的物质单向流动的经济。在这种经济中，人们以越来越高的强度把地球上的物质和能源开发出来，在生产加工和消费过程中又把污染和废物大量地排放到环境中去，对资源的利用常常是粗放的和一次性的，通过把资源持续不断地变成废物来实现经济的数量型增长，导致了许多自然资源的短缺与枯竭，并酿成了灾难性环境污染后果。与此不同，循环经济是在可持续发展的思想指导下，按照清洁生产的方式，建立在物质不断循环利用基础上的经济发展模式，它要求把经济活动按照自然生态系统的模式，组织成一个"资源—产品—再生资源"的物质反复循环流动的过程，使得整个经济系统以及生产和消费的过程基本上不产生或者只产生很少的废弃物，其特征是自然资源的低投入、高利用和废弃物的低排放，从而从根本上消解了长期以来环境与发展之间的尖锐矛盾。

事实上，在发展循环经济方面，中国具有悠久的历史。

中国科学院生态专家王如松在第二届生态建设会议上指出：“循环经济是中国人创造的。我国7000多年的农业发展史就是一种典型的循环经济发展史。”他认为，中国过去城乡居民的粪便、垃圾、秸秆、绿肥和沼液都是农田宝贵的肥源，农家的畜禽、鱼、桑、蚕、蚯蚓、沼气和菜地、农田、鱼塘、树林、村落构成和谐的农村生态系统，轮作、间作、湿地净化和生物降解等时空生态位（物种所处的时间和空间环境）被充分利用，可更新资源在低生产力水平和小的时空尺度上循环，这些都可以归为农业循环经济形态。王如松的论述表明，中国具有发展农业循环经济的良好基础，在中国农村发展循环经济大有作为。

这个事例明确告诉我们：做现代农民必须掌握现代技术，而且要掌握现代先进技术，这样农业发展才有前途，这样农民才能在致富的道路上走得更快、更稳、更持久。

懂技术、用技术，才能引导带领农民走上致富路。《一村一世界——建设社会主义新农村范例精编》一书中详细介绍了新型现代农民能人——河南新乡刘庄村的史来贺是如何通过懂技术、用技术，带领农民走上致富路的。河南新乡刘庄村是一个典型的穷村，“方圆十里乡，最穷数刘庄，住的土草房，糠菜半年粮”是其真实写照。然而就是在这样的家底之上，能人史来贺带领刘庄村农民不断探索，开拓了一条富裕之路：20世纪60年代末成为全国最早一批解决温饱的先进村；随后，发展集体工副业，办起畜牧场、机械厂、食品厂、奶粉厂、造纸厂，盖起社员集体新村，80年代初成为实现小康的“中原首富”；1985年开始，更是在全省乡镇中率先办高新技术产业，以医药工业为龙头的集体经济兴旺发达。2007年全村上缴国家税金19100多万元，人均 11.5 万元，出口创汇 11422 万美元。农民实际人均收入过万元，户户有存款。村民享受的福利待遇提高到 40 多项。全村由集体出资全部参加新型农民合作医疗，村民除享受新型农村合作医疗的各项优惠政策外，其余费用由集体全部报销。全村初步实现了农村工业化、农业现代化、经济市场化、农民知识化、生活城市化，全国农业旅游示范点和河南省旅游景点之一。

刘庄在发展过程中，首先瞄准了高科技产业。从刘庄实际出发，通过认真的考虑、分析和科学论证，建起全国最大的生产肌苷的华星药厂。从 1985 年建成华星药厂肌苷分厂，接着生产出青霉素、红霉素、洁霉素等一批产品到现在，刘庄已成为能生产几十种原料药和成品药的基地，不仅是我国肌苷生产的最大厂家，还是国内最大的青霉素原料药品生产基地之一，在全国医药行业出口创汇排名第一。党和国家领导人胡锦涛、温家宝等亲临视察，给予高度评价。

现在，村办企业已陆续拥有医药、机械、造纸、食品等 6 个产业。农业也逐步实现机械化、水利化和科学种田。现在，刘庄拥有拖拉机、播种机、联合收割机、汽车等大型机械近千台，还有农用飞机一架，新式喷雾器 100 多部。至此，刘庄步入了以农业为基础，以生物制药高新技术为龙头，带动机械、食品、造纸、运输等工业全面发展的轨道，走上了农林牧副渔全面发展、贸工农一体化的共同富裕之路，真正形成了以农促工、以工建农、农工商并举的商品经济发展的新格局。

科技是第一生产力，人是最活跃的生产力。事是人做的，人是脑袋瓜指挥的，世界观的转变是根本的转变，而这个转变，首先需要的是提高村民的知识水平，用知识武装头脑。史来贺把科技知识的海洋称作没有国界的公海，他认为，要增强竞争力，必须努力闯“公海”。

史来贺逼自己闯“公海”。只读过两年私塾的他，后来也只在扫盲班里完成了启蒙。认识的字屈指可数，然而，在带领村民致富的过程中，他不得不逼自己闯“公海”。现在他手边常备三样东西：书、收音机、笔记本。这个戴老花镜的小学生，捧着经营管理、生物工程、微生物学的书籍向人讨教，拗口地吐出一个个艰深的专业名词，吃力地攀援于一重重陌生的知识结构。就凭着这种闯“公海”的劲头，年轻时，他蹲在棉田选育出抗病高产的“刘庄1号”、“刘庄2号”、“刘庄3号”优良品种；到老时，俨然技术精通的工程师，在车间现场指挥吊装的10吨、20吨巨型发酵罐。

史来贺逼着子弟们闯“公海”，有时还真有点武断。1985年，他火速召回了送到大学深造的一帮刘庄子弟，其中有他在郑州工学院电子系进修的大儿子史世领。原来，他为办华星药厂从外地请来一位工程师，破例在自家设宴招待，谁知茅台酒过三巡，人家先要5万元装修家居，又要抽年利润的30%。要是这样，刘庄就只能受制于人！于是他让自家子弟放弃深造的机会，自己尝试。时至今日，一支年轻的刘庄“自家军”，边学边干迅速成长，已成为实力相当雄厚的技术核心骨干，170人拥有了中级以上技术职称，无论企业发展多快多大都能灵活跟进，80%的工程设计都是由厂长史世领和伙伴们亲手完成，设备加工安装也是自力更生，节省的资金数量也令人咋舌。这支充满活力的管理队伍、技术队伍，把企业命脉攥在了刘庄的手心里。

他也顽强地逼着村民们闯“公海”。当年华星投产国内，一直依赖进口的肌苷，可是农民上岗缺乏训练，培养基染菌经常倒罐，本可取80公斤肌苷的一罐20吨发酵液，最初只提取肌苷400克。于是，他花大气力培训员工，让他们牢牢掌握每一道技术难关。后来，当医药管理部门把倒罐率规定在5%时，华星已将倒罐率控制在了1%以下，两年后产值就达3000万元。

1988年他又猛推了一把：全村讨论加大投资再建二分厂，村民中阻力很大，他非常理解群众的务实，不能几句好话就打发了。他也明白村民过怕了苦日子，辛辛苦苦解决的温饱问题，好不容易增加的农民收入，哪能那么痛快就投资出去，毕竟只要是投资都会存在风险。于是他给大伙儿吃了一颗“定心丸”，与全村300多户每家签下了一份“不平等合同”，他个人以向集体贷款、向农户借款的形式筹资办厂，赚了所得全归集体，赔了损失个人承担……为了减少投资风险，他逼自己，也逼着大家在科技的“公海”搏风击浪。

事后证明，史来贺的逼迫都是对的，在掌握了科技的员工的推动下，华星从此健步如飞。特别是抗生素项目，1992年一期上青霉素工业产品，1993年上溶剂车间，1994年上粉针车间，1995年上无菌粉车间，1996年上4.8万千瓦电汽联产配套热电厂，1997年上红霉素产品。接着，2000年二期、2002年三期、2003年四期工程相继兴建扩产。2002年，华星年产肌苷500吨，是国内最大的肌苷厂家之一；年产青霉素原料药5000吨，产量居全国第三，出口创汇居全国第一，2004年，华星投资7.8亿元建设年产

8000吨的青霉素原料药扩建项目，建设内容包括GMP标准厂房，购置设备210台（套）及三废处理系统。如今，华星已进入全国医药销售排行前百名，年产值占到了刘庄年总产值的80%以上。

在史来贺闯“公海”的实践激励下，刘庄注重教育，注意引进、培养、使用人才。现在。全村有大专以上学历的人才120多人。中级职称以上专业技术人才170多人。拥有了自己的创新队伍和自主开发的平台，进行技术创新的实践，掌握核心技术，为刘庄的可持续发展奠定了重要的基础。这个生动事例，有力地告诉我们当代农民，要成为一名新型职业农民，必须有技术、懂技术。

第三节　会经营

会经营是对新型农民适应社会主义市场经济提出的要求。包括观察能力、应变能力、风险承担能力、组织能力、创新能力、科技信息与市场信息获取的能力。培养会经营的新型农民是发展农业生产和建设新农村的客观要求，同时也是新时期我国农民的主观要求。改革开放以来，社会主义市场经济和乡镇企业的发展，使一些农民走出农村，走向工厂，走向城市，甚至走向国际舞台，在市场经济的大潮中得到锻炼，经营知识和经验不断丰富提高，经营能力不断增强，产生了一批懂经营、会经营的农民企业家，推动了农村经济发展和社会进步。但总体来说，我国农民的经营知识和水平都有待于进一步提高。随着社会主义市场经济的发展、对外开放程度的不断加深和企业规模的扩大，当前的经营管理模式已经越来越不适应农村经济发展的需要，已经成为农业生产结构调整和农民收入提高的障碍。因此，加强对农民市场经济理论培训，使得广大农民懂得市场经济的一般规律，自觉按照市场的需求来配置农业资源，开展农业生产活动，才能取得最大的经济效益。只有具备与社会主义市场经济相适应的经营才能的新型农民，才能在新农村建设中充当排头兵。

一、农业产业化经营

农业产业化是一件带方向性、战略性的大事。发展农业产业化经营，对于农民致富、促进农产品加工业发展具有重要的作用。作为当代新型职业农民必须要懂得什么是农业产业化经营，为什么要实现农业产业化经营。

首先，实施农业产业化经营是当代农业和农村经济发展的必然要求。农业产业化经营以为着农业的经营发展并不仅仅局限在农业这个领域之内，而是大大拓展了农业经营发展的空间和范围。新中国成立以来，尤其是改革开放以来，我国农业和农村经济有了长足发展，农村经济社会发生了深刻变化。当前，我国农业产业正在从传统种养业向产前、产中和产后等相关产业扩展，经营方式由以生产初级产品为主向加销、农工贸一体化经营演进，农村劳动力由原来集中在农业产中就业向农业产前、产中、产后和非农产业多领域转移，农民收入由原来单纯依靠种养业向务农及打工多元化发展，工农关系和城乡关系也正在发生重大变化，这一新的形势迫切要求实施农业产业化经营，转变农业增长方式，适应农业和农村经济发展的要求。

其次，实施农业产业化经营是农业走向市场的有效途径。我国计划经济条件下的农业是传统小农经济，小打小闹成不了大气候，也缺乏走向市场的底气和能力。农业产业化经营的核心，是建立贸工农一体化的产业体系，把产品销售放在第一位，依据市场需求兴办农产品加工业，依据农产品加工业需要布局和组织农产品生产，这样不仅解决了以市场为导向生产初级产品的问题，而且使农民生产的原料通过加工、销售龙头企业变成最终产品流向市场，推动农业计划经济向社会主义市场经济转变，从根本上解决了农业走向市场的问题。

再次，实施农业产业化经营是增加农民收入的重要渠道。没有农业产业化经营，好比农民的收入链拦腰斩断，缺了很长的一段，必然导致农民收入大幅度减少。在传统计划经济体制下，农产品在农村生产，在远离产地的城市加工和流通，产、加、销三大环节分离，农民收入限于出售初级产品，不能分享加工、流通利润，农业比较效益低。实施农业产业化经营，使农业从单纯原料生产向完整的产业体系转变，农产品在初级产品基础上通过加工、流通，使层次增值，农民在出售原料的基础上分享加工、流通利润，提高了农业的比较效益，大幅度增加了农民的收入。

最后，实施农业产业化经营有利于农村经济结构的调整和优化，有利于农产品加工结构升级。农业产业化经营，意味着农业经营从小到大、从弱到强、从技术含量低，甚至没有技术含量向高技术含量、从低产出向高产出的方向迈进。实行农业产业化经营，鼓励农产品加工企业加大科技投入，不断引进、消化和吸收新技术，完善技术创新机制，改变我国传统农产品加工业的布局，实现农产品就地加工，降低运输成本，提高资源配置效率。将农产品加工布局到农村，为农村工业化开拓新的领域，缓解农村剩余劳动力大量进城的压力。有利于充分发挥我国劳动力多的优势，生产劳动密集型农产品，扩大对外出口贸易，实现与国际市场的资源交换。

事实胜于雄辩，来源于《一村一世界——建设社会主义新农村范例精编》的关于小岗村这些年来的变化，足以说明农业产业化经营的重大意义。

中国农村改革的发祥地小岗村，位于安徽省滁州市凤阳县小溪河镇，在凤阳县东部距县城36公里。全村共有106户，476人，耕地面积1600亩。因地貌起伏不大，故称“小岗”。1978年，小岗村18户农民以敢为天下先的胆识，率先实行“大包干”，搞起了生产责任制，揭开了中国农村改革的序幕，这一改革被认为是1952年全国完成土地改革“实现耕者有其田”之后的农业生产力的第二次大解放。小岗村实行“大包干”一年就大变样，不仅结束了20多年吃“救济粮”的历史，而且上缴国家粮食3200多公斤。小岗村的成功使周边群众纷纷仿效，“大包干”如星星之火，迅速燃遍了中国农村大地，小岗村也因此名闻遐迩。成为中国农村改革的发祥地。此后，小岗人没有停止改革的步伐，不断寻求新突破。

1978年以前的小岗村是全县有名的“吃粮靠返销，用钱靠救济，生产靠贷款”的“三靠村”，每年秋后几乎家家背着花鼓外出讨饭。1978年12月的一个夜晚，穷极了、饿极了的小岗人终于忍无可忍。时任小岗生产队队长的严俊昌和副队长的严宏昌、会计严立学召集全队在家的18户户主，聚集在严立华家的破草屋内，秘密商讨分田单干的事。这在当时可是要冒杀头的危险。

我们知道，那份发黄的纸，分明是一张生死契约。在契约上写道："我们分田到户每户户主签字盖章如此后能干每户保证完成每户全年上交（缴）的公粮不在（再）向国家伸手要钱要粮如不成我们干部作（坐）牢杀头也干（甘）心大家社员也保证把我们的孩子养活到18岁。"由于煤油灯光十分昏暗，加上当时心情紧张，写下的句子既不连贯，也没标点符号，还有错别字。然而，这张没有理论水平只有包天胆的契约，却孕育了中国农村大地的巨大变革。

穷则变，变则通，小岗人冒着极大的政治风险，秘密干起了"大包干"。土地在手的小岗人扔掉讨饭棍，拿起了犁耙和锄头……令小岗人没有想到的是，只用了一年的时间，饥饿就远离他们而去。更令他们没有想到的是，正是这份印有他们鲜红手印的契约成了中国农村改革的第一份宣言书。大包干，结束了凤阳600年来的讨饭历史。大包干，使凤阳人民翻了身，由吃国家的粮食变为国家的粮食缴纳大户。大包干，从凤阳飞向淮河两岸，飞向神州大地，成为建设有中国特色的社会主义的理论的一个重要组成部分，随着一系列农村改革措施的逐步实行，小岗人过上了温饱有余的生活，家家户户盖上了宽敞的大瓦房，由全村统一规划，前院栽花育树，种植瓜果蔬菜，后院建有标准化的猪圈、沼气和厕所。1997年，小岗村实现人均收入2500元，略高于全国平均水平。

"大包干"实行了20多年后的今天，小岗人彻底摆脱了逃荒要饭的日子，从根本上解决了吃饭问题，从纵向上自己和自己比，村民的生活确实发生了翻天覆地的变化，从横向上和东南沿海等经济发达的地区比，还存在很大差距，尤其是近几年，在社会主义市场经济大潮中，农产品价格偏低，又加上连续的自然灾害，在小岗这个以农为主的村，人均收入增幅连年下降，寄托着中国农民希望的小岗村并没有像人民所期盼的那样在淮河岸边这片古老的土地上崛起，目前小岗村的人均年收入2000多元，跨过温饱线，却一直未跨进富裕门槛。

不进则退。小岗人开始大胆地探索富裕之路。他们几次去南街村学习先进经验，坚定了信念，找准方向，要努力发展集体经济，走共同富裕之路，这些年，他们闯市场，办企业，搞合作，先后招聘了3名有文化、懂技术的能人进村办厂，同时让年轻人走出小岗，经商办厂，学本领，2001年，全国最佳经济效益村张家港市长江村与小岗村结成了姊妹村，帮助小岗建成占地面积近80亩的优质葡萄种植示范基地，2004年小岗村100多户村民都种植了葡萄，总面积450亩，为了让小岗村葡萄打进市场，早在葡萄成熟之前，村民就积极搞宣传、跑市场，实行订单销售。他们还在滁州举办了为期30天的首届小岗村葡萄节，以进一步扩大小岗葡萄的知名度。2004年，小岗村的葡萄首次获得丰收，总产量达到25万公斤，葡萄让小岗430位村民人均增收1000元。与此同时，小岗村还与上海大龙公司合作承办了国家“星火计划”项目“企业＋协会＋农户”，把小岗村变成了滁州绿色香枫优质风味猪产学研养殖示范基地。在养殖业方面，小岗村加强了防疫措施，建立了三个养殖小区。由政府与农民共同投资，购买200头母猪，每户5头，进行养殖。另外从农民中选择有能力的当厂长，其他村民为股东，小岗村民打出的口号是：凤阳村村养猪致富，小岗户户养猪小康。

越来越多的小岗人发现：要想增收致富，光靠传统一家一户单干种粮食，是种不出“金子”的，调整产业结构，实行规模经营才是根本出路。村委会主任严德友给记者举了这样的例子：刚推广种葡萄时，一些村民持观望态度。2004年葡萄大丰收，让全村人均增收上了大台阶。见到实效的农民热情大增，纷纷扩大面积，精心种植，2005年的葡萄产量猛增到40多万公斤，比前一年翻了一番。目前，村里已经成立了葡萄种植协会，"葡农"自愿加入，统一聘请技术指导，统一购买化肥、农药，统一签订销售合同，发挥集体经济组织的力量，节本增效，实现农业产业化规模化经营。

为加快发展现代农业，小岗村领导班子又先后与江苏长江润发集团、滁州绿丰公司和通力集团达成协议，四方共同投资1000万元，成立了"小岗现代农业发展股份有限公司"，主要经营葡萄种植业，奶牛、小香猪饲养业及其他农业产品的生产和加工，掀起了以股份制产业化的方式发展现代农业的热潮。村里负责人说"这是一次难得的发展机遇，小岗人将以此为起点，打好'小岗'无形资产这张牌。"

经过30年的发展，小岗现有108户人家、428人，人均纯收入从1978年的22元增加到2008年的6000多元。家家住上了新房，有的还盖起了楼房。小岗村的道路、通信、供水、供电等基础设施建设有了根本性改善。大包干纪念馆、村民图书阅览室和完全小学等文化设施相当齐备。

30年前，小岗村村民发扬"敢为天下先"的精神，迈出了中国农村改革开放的第一步。今天的小岗人继续发扬自力更生、艰苦奋斗的"大包干"精神，他们已经意识到要取得新发展，要改变现状，必须来个"二次革命"，必须拿出当年按手印的勇气，彻底解放思想，更新观念，认真总结经验教训，自揭伤疤，自亮家丑，然后对症下药。

“大包干”已经不能包治百病，它是治穷的灵丹，却不是致富的妙药。解决小岗村的经济发展问题，恰恰需要的是用敢想、敢干、敢闯的“大包干”的精神开创适合小岗村的可持续发展之路。如今的小岗人要通过打“小岗牌”，进一步增强改革创新、敢为天下先的勇气，坚持自力更生，艰苦奋斗，用自己的双手建设“新小岗”。

这个事例实质上说明今天小岗人所要发扬“敢为天下先”的精神，不再是当时“大包干”精神，而是发展农业产业化经营的精神，只要发展农业产业化经营，当代农民才能在解决温饱的基础上，在致富的大道上迈出一大步。

二、农业市场化经营

大寨郭凤莲总结了一句我们大家都懂的大实话：要想富得快，庄稼搅买卖。这句通俗易懂的话，高度概括了现代农民要想发家致富，不仅要有产业化经营的农业，更要有市场化经营的农业。这样才能够既发展农业，又能够增加收入，走上致富路。

农业的发展，要求新型农民必须适应市场需求。农民朋友们知道，在改革开放前，国内包括农产品在内的一切产品都是非常短缺的，而现在这种状况已经发生了很大的变化，什么都很多，应有尽有。也就是说从过去的短缺经济转变为剩余经济。这种供应与需求的巨大变化，表明过去我们生产什么卖什么，也就是我们农民生产什么大家吃什么的时代已经一去不复返了。同时，农民朋友们也许已经观察和体会到，现在的市场变了，不仅农村市场变了，城市市场也变了；不仅农产品市场变了，工业产品市场也变了；不仅国内市场变了，甚至国际市场也变了；不仅国际市场变了，甚至国际市场变化对国内市场的影响已经非常深远了。因此，作为新型农民有市场经营意识，发展农业生产市场化经营，必须面对复杂的千变万化的市场，牢固树立市场意识，认真观察研究市场，及时作出正确的市场判断，种什么，多种什么，不种什么，是种地还是打工，对长远的和潜在的效益与风险都要能够看得出，这样才能确保农业经营健康迅速发展，才能在农业经营中增加收入，才能走上致富路。这就是会经营的新型农民。

对市场把握是对新型农民的重要要求之一，对市场没有很好的把握导致的后果，相信多数农民是领教过的，种植神果的农民将给我们什么样的启示呢？根据学者李文云介绍，雪莲果原名“亚贡”，神果之意，产于南美洲安第斯山的一种水果。2003 年，这种水果在云南嵩明县农业科学所的极力推荐下，该县牛栏江镇上马坊村是云南省第一个敢于“吃螃蟹”的地方，种植成功了。这种水果因为味道甜美汁液多，被嵩明人取了个同样美妙的名字——雪莲果。嵩明县因此而成了“中国雪莲果之乡”。雪莲果的种植经历了曲折的历程。第一年种植时，上马坊村民只试种 200 亩，亩产收入 2000～4000 元，立即引起轰动效应，于是种植面积直线上升。2006 年嵩明县种植雪莲果 5300 亩，2007 年种植面积翻了三番，达 16000 亩，上马坊村的种植面积与第一年相比则翻了 10 倍，为 2000 亩。这就把原来种烤烟、玉米的田地改种了雪莲果，凡是有空的地方都种了，连山沟里都种得满满的。不仅嵩明县农民一哄而上种雪莲果，省内有的地方的农民也盲目跟风大种雪莲果。这些果农把有关部门和领导要求均匀种植的劝告当成了耳边风，其结果是自食苦果。暴涨之后必然有暴跌这是市场经济价格运行的规律性。春季种植，秋季收获的雪莲果也不能幸免。以牛栏江镇为例，2007 年中秋之后，一直在市场上走俏的雪莲果遭遇瓶颈，销售一路走低，每亩收入已降到 1000～1500 元左右，因而大部分果农都不挖果，也有不少果农把雪莲果藏在地坑里保鲜，期盼半年后能卖个好价钱。在昆明市水果摊上，往年每公斤售价不少于 5 元，如今跌到 1 元左右，商贩吆喝拉客叫卖。恻隐之心，人皆有之。每一个有良知的人，不能不为果农而寒心。

果贱伤农。它起因于果贵。果贵也伤农。在市场经济条件下，同雪莲果一样的任何一种商品生产和经营，都受市场机制这只看不见的手操纵。如果只管赚钱不顾风险，必然陷入“一涨就多，一多就跌，一跌就少，一少就涨”的循环死胡同之中，这里的“涨”和“跌”是指价格，“多”和“少”是指商品的产量。我国农副产品因此烂市的屡见不鲜。广东、海南的香蕉烂市，广西南宁的西瓜烂市，仙女山万亩无公害大白菜烂市，等等。就以嵩明县来说，早先曾出现番茄烂市、百合烂市。因为在农副产品的市场交换中，遵循的是价值规律和供求规律，只要价值相当，什么商品都可以交换，在此不承认其他的什么权威。并且当商品供不应求时，价格就上涨，反之就下跌。雪莲果的烂市，源于果农对涨价和有利可图的市场信息，缺乏冷静分析其中的经营风险，盲目追随价格搞一股风，陷入了一哄而上，一哄而下的尴尬境地，不能不受到经济规律的惩罚。据老辈人说，经商之道在于：“逢快莫赶，逢慢莫懒。”“快”和“慢”是指价格的涨落，“赶”和“懒”是指生产经营的扩大或缩小，这对当今，尤其是面对市场的新型农民而言，仍不失为一剂良药。

春江水暖鸭先知。随着经济全球化进程的不断加快，国际农业市场的竞争也日趋激烈。特别是我国加入世界贸易组织（WTO）之后，我国农业产品直接面对国际大市场。这在过去农民朋友是没有想过的。当然，国际市场给农民朋友带来利润的同时，也带来了巨大的风险而且有时候风险还是相当大的。比如在价格、质量、品牌等方面我们处于劣势，比较落后。在这种情况下，农民朋友们更应该具有经营头脑，风险意识。如最近美国农业部发布了经济危机对美国农业的影响，认为经济危机对美国农业的直接影响是中等程度的。从需求方面看，危机可能使美国GDP下降，消费者的食品支出减少。但需求方面的影响较小，原因是绝大多数美国消费者生活标准较高，食品需求对收入变化的敏感程度不高。消费者可能减少外出就餐次数，增加在仓储式商店购买食品的比例。因此，虽然消费者的食品总支出将下降，但实际消费的食品数量不会减少。这可能使农产品需求构成发生变化，部分农产品价格下跌。例如，需求可能会从较为昂贵的牛肉和鱼转向便宜些的禽肉等肉类。美国农产品的主要进口国将减少进口。截至2008年年底，中国、墨西哥、埃及和俄罗斯已经减少了进口。

这几年时不时大规模爆发禽流感，着实让我国养鸭、养鸡专业大户苦恼了一番。他们的产品不仅在国内市场的销售量大大下降，即使出口，地球人都知道中国有禽流感，一些消费者拒绝消费中国产的禽肉、蛋产品，有的国家和地区干脆禁止进口中国的禽肉、蛋产品，我国养鸭、养鸡农民蒙受了巨大的损失。最近墨西哥爆发了甲型H1N1流感，给墨西哥、美国，甚至全世界的猪肉产品出口销售都带来极大的冲击，让养猪的农民同样蒙受巨大损失。作为新型的会经营的农民，要会经营市场，同时当国内甚至国际市场出现风险时候如何应对经营，是新时期新型农民必备素质之一。下面两个事例能够说明会经营的新型农民应该如何面对市场。

据《河南商报》报道，河南郑州市中牟县一麻包 40 斤的大蒜仅卖 5 元，而街头最便宜的苹果每斤都在 2 元以上。60 万吨陈蒜滞销，经营者挥泪贱卖。商户们纷纷感慨：生意不好做。从 2009 年 4 月 28 日开始，河南中牟八岗乡蔡庄坡村一农户一直蹲在郑州市纬一路与经七路交叉口卖蒜，奔马车上挂着一个喇叭，重复吆喝着“大蒜便宜了，5 块一袋”。这一袋大蒜数量可不少，孙国松说，每袋足足 40 斤。而今，受金融危机影响，中牟大蒜出口受阻，今年他和几个村民合伙收了 260 吨左右大蒜，现在已经赔了 16 万元，还有七八十吨砸在手里。

“这批蒜，2008 年 5 月份我们收购价是 0.4～0.5 元，在冷库里冷藏了半年，加上冷藏费每斤合 0.6 元以上。”该农户说，现在零售价还不到 1 毛钱，卖多少赔多少，因为新蒜已经下来了，加上与冷库的合同到期，陈蒜都被清理出来贱卖。“2008 年这个时候，大蒜街头零售价是 0.4～0.5 元 1 斤，今年价格降了近 10 倍。”这个农户感慨。

郑州市中牟恒大实业有限公司是一家专业从事冷藏大蒜、蒜薹等储存和销售的企业，与整个中牟大蒜市场相一致，该公司出口业务占 40%。谈及 2009 年大蒜市场，该公司总经理语气显得十分疲惫，“今年卖蒜的没有一个赚钱，全部都赔惨了，收购价是三四毛 1 斤，抛售价却是每斤

6 分钱或 8 分钱，外国卖不动，国内也销不了。”该公司总经理透露，河南中牟现有 60 万吨陈蒜滞销。为什么会有如此严重的结局呢？原来由美国金融危机引发的全球性的经济危机使得大蒜出口受阻；另外一个原因是新蒜头已经上市，虽然每斤 0.6～0.8 元的零售价相对较高，但陈蒜不能再等了，否则只能烂掉。

而《海南日报》的一则报道《一个新型农民的 2006 年》，却给我们广大农民另一种启示。新型农民不仅要了解市场学会经营，同时还要会推广新品种，开发新品牌，这样才能够在致富道路上走得更稳更快。海南省海口市秀英区永兴镇永德村委会儒吴村农民吴开茂，是一位种植荔枝发家的农村致富带头人。2006 年，吴开茂过得忙碌而充实。

推广新品种乐此不疲。吴开茂种了 170 多亩荔枝，一块在永兴，一块在澄迈福山。2006 年挂果的有 30 多亩，收获上万公斤荔枝，收入超过 12 万元。而他培育的南岛无核、蟾蜍红、榆林大丁香等荔枝果苗，也卖出了近两万株，收入达 10 万多元。

吴开茂家后面就是永兴镇的雷虎岭，岭上有 1000 多亩原生荔枝林，是中国荔枝原生地之一。近年来，吴开茂对雷虎岭的野生荔枝实生林进行调查，与海南农垦总局高级农艺师共同研究，筛选出非常有商业价值的几个类型 10 多种优异单株品种。这些品种包括有大果型、焦核型、蜜味型、色彩型、无核型等类型，吴开茂将其统称海南雷虎荔枝品系。培育推广特优荔枝品种的果苗，每年能给吴开茂带来不少的收成。

2006 年，一种名为玉潭蜜荔的新品种给吴开茂带来了惊喜。吴开茂经过多年观察玉潭蜜荔的母本，认定该品种极具市场推广价值。“这种蜜荔有一种很特殊的甜味，是荔枝精品中的精品。”吴开茂说起该种荔枝时激动不已。另外，吴开茂2006年还发现了新品种新球蜜荔的优异特性。“像夜来香一样，摘一篮放在房间里，整个房间便充满了香味。”吴开茂准备2007年推广这一品种。

有人说吴开茂是“海南荔枝种植资源民间收藏家”。他不断通过民间调查和市场调查，发现了许多奇特荔枝品种。在他创办的2亩多荔枝珍稀品种母本园，已种植了30多种不同品性的荔枝。一个新品种从收集到推广需要经过四五年时间的观察，花费很多的心思，但吴开茂乐此不疲。除了自己种植荔枝外，吴开茂还经常指导别的种植户。一年来，通过电话、当面传经和实地指导等形式，吴开茂指导过的农户、种植户达二三百人，萌发了品牌意识。2006年，吴开茂开始尝试一种新的销售办法——在互联网上推销自己的荔枝产品。“电子农务为三农，信息进村入户头。”吴开茂的手机彩铃设的便是秀英电子农务网介绍。吴开茂买来了电脑，并装上宽带，通过在电子农务网发布销售信息，拓宽了客源。“永兴火山岩地区由于土壤营养成分特殊，这里出产的荔枝味道鲜美独特。”吴开茂在网上打出了这样的广告。今年，吴开茂的荔枝还远销到了法国、美国、加拿大等国家。2006年4月，媒体的一篇报道令吴开茂茅塞顿开：“永兴的荔枝应打营养和历史的品牌。”

吴开茂从报纸上了解到，富硒土壤在海南岛分布较广，在永兴有连片分布。硒具有抗癌防癌、清除自由基、提高免疫功能、养颜抗衰等作用。食用富硒农产品是人体补硒最佳途径之一。吴开茂也了解到，永兴古时属“雷虎都”，历史上“雷虎荔枝”便美名远扬。他说，永兴镇农民目前种植有近两万亩荔枝，如果打好“营养”、“历史”的品牌，将对当地荔枝产业发展产生深远的影响。

荣誉下展望未来。2006 年，吴开茂同时获得“海南农村十大科技致富能人”、“海南省农村致富带头人”荣誉称号。吴开茂培育的荔枝也获得了美誉。5 月 30 日，中央电视台、秀英区政府联合举办“永兴荔枝大比拼”活动，吴开茂的荔枝一举拿下四个奖项中的三项，包括果王奖、最甜奖单项奖和状元奖综合奖。他的一颗蟾蜍红荔枝，重达 81.2 克，获得了“果王”称号。随后吴开茂注册了自己的公司——海口雷虎果业有限公司。对于公司如何运作，吴开茂还在细细规划。但他认为，以公司的形式运作经营，是他迟早要走的一条路。吴开茂憧憬着实现创业梦想的那一天。

相信广大的农民朋友，通过以上事例明白什么是会经营的新型职业农民。再回过来看，也就明白山西大寨郭凤莲所说的“要想富得快，庄稼搅买卖”深刻意义。

第四节　晓政策

新型农民不仅要有文化、懂技术，会经营，同时还要知晓政策。大家知道做任何事情，不仅要使劲做，还要会使巧劲。我们身边的好多能人、已经致富了的人，他们在生产经营过程中不仅付出了能力，同时也动了脑筋，巧妙利用各种外部的资源、资助、政策等，获得了很大的成功。特别是随着社会的发展，各种各样有利于农村发展、农民受益的政策不断出台，在很大程度上支持了农业，惠及了农民。农民要知晓并充分利用这些政策，才能早日走上致富的广阔大道。

一、培育知晓政策的农民

党的十六届五中全会作出了建设社会主义新农村的战略部署，明确提出加快发展农村教育、技能培训和文化事业，培养造就有文化、懂技术、会经营的新型农民，2005年通过的《中共中央国务院关于推进社会主义新农村建设的若干意见》指出提高农民整体素质，培养造就有文化、懂技术、会经营的新型农民，是建设社会主义新农村的迫切要求。党的十七大报告指出培育有文化、懂技术、会经营的新型农民，发挥亿万农民建设新农村的主体作用。党的十七届三中全会通过的《中共中央关于推进农村改革发展若干重大问题的决定》要求发展农村教育，促进教育公平，提高农民科学文化素质，培育有文化、懂技术、会经营的新型农民。这些文件明确了“有文化、懂技术、会经营”是当前我国新型农民的基本素质要求。根据当前我国农村改革发展的实践，新型农民不仅要有文化、懂技术、会经营，同时还需要知晓有关党和国家针对农业、农村、农民的政策。“晓政策”是对新型农民基本素质的新要求。

农业农村深刻变化要求农民必须知晓有关农业、农村、农民的政策。在计划经济条件下，一切关于农业、农村的问题，都是通过指令性计划实施的。在农业生产方面，农民缺乏自主权，只能服从上级部门的指令。农民种什么、种多少、怎样种、何时种都不能做主，而取决于人民公社、生产大队和上级部门的指令。在这种条件下，农民也不需要知晓什么政策，只需要按部就班地执行指令政策。实践已经证明这种体制严重抑制了农民生产的积极性，阻碍了农村的发展。1978 年农村实行改革以来，我国农村经济社会发展取得了举世瞩目的成就，农业农村发生了许多深刻变化，农产品供求格局、农村劳动力结构、农村社会结构、农村对外开放格局、农业农村政策体系等都发生了重要而深刻的变化。面对农业农村已经发生变化的新形势、新情况、新问题，以及夺取全面建设小康社会新胜利的历史性任务，要求农民必须知晓有关“三农”政策。这是深入贯彻落实科学发展观，进一步促进新阶段农村改革和发展的必然要求。

知晓国家强农惠农政策。十六大以来，党和政府始终将解决好“三农”问题作为各项工作中的重中之重，出台了一系列的强农惠农政策，有力地促进了农业、农村经济发展和农民增收。国家出台了关于大力支持粮食、棉花和油料等大宗农作物生产补贴同时，还出台了肉、蛋、奶等主要农产品生产补贴；农机具购置补贴政策；在取消农业税、大幅度减轻农民负担同时，还出台了一系列对农民收入补贴政策，如粮食直补和农资综合补贴、对接受培训的农民工直接补贴等；“家电下乡”活动中，购置指定家用电器的补贴；有关金融支农政策；有关农村扶贫开发政策等，切实让广大农民从中受益，有效地调动了农民农业生产特别是种粮的积极性，增加了农民的非农收入，收到了良好的效果。随着补贴品种、补贴范围、补贴规模扩大和补贴标准提高，以及新的强农惠农政策不断出台，将会更多地惠及农民。新型农民应该充分了解并有效把握这些强农惠农政策，增强其发展和致富的能力。

二、国外惠农政策

在农业方面给农民以政策的扶持，这在国内外都是通用的。就拿德国而言，德国由传统农业向现代化农业的转变之所以有突破并取得成功，是因为第二次世界大战后德国政府重视农业现代化，加强了农业投资和信贷的力度，大力扶持农业，开展农业科研与农业教育等措施。第一，农业是德国政府直接干预最多的部门之一，采取农业低息贷款、直接资助、间接农业补贴等措施，有力地促进了传统农业向现代化农业的转变。第二，建立农业经济合作组织。农业合作经济组织把家庭小规模生产联结起来形成社会化的大生产，把家庭小范围的经营和整个社会的大市场联系起来，推动了农业现代化进程。德国几乎所有农户都是合作社成员，其中不少农户同时参加几个合作社。第三，加强农民的教育培训。德国政府出台了很多加强农业教育的新计划，目的是培养高级专门人才和新型农民，掌握一定的现代农业专门知识，以适应生态农业、有机农业以及正在兴起的基因农业发展的需要。第四，进行农业规模化经营。通过给购地的农户发放低息贷款和强制卖地等方式促进农户升级；通过资助农户迁移等方式，促进新的规模较大的农场的建立；鼓励农业劳动力改行和提前退休，以解决农业劳动力就业和收入问题。第五，建设多层次、多元化的农业社会化服务体系。德国的现代化，是由多层次、多元化的农业社会化服务体系来保障的。这些服务组织不仅跨地区提供科研、生产、试验、推广、教育培训、技术信息咨询、质量认证、销售及跟踪维修等服务，而且为农业生产提供高质量的服务。这些政策为德国农业的发展，保障农民利益，增加农民收入，发挥了很大的作用。

再如农业补贴政策，农业补贴是世界上许多国家和地区促进农业及农村发展的重要政策工具，与一国的经济发展水平和财政支出能力紧密相关。由于各国的农业补贴水平不同，尤其是价格补贴和对价格有较大扭曲作用的生产性补贴，对国际农产品贸易市场产生了巨大的影响，也因此引发了不少贸易冲突，农业补贴问题逐渐成为各国关注的焦点。但由于农业补贴已成为发达国家内农业政策的支柱，一直到1986年开始的“乌拉圭回合”多边贸易谈判才被列入谈判议程。世贸组织成立以来，削减农业补贴一直是主要议题之一。

根据农业部课题组的有关材料，因补贴政策的目标不同，世界各国的农业补贴种类繁多，形式各异。从补贴环节看，可分为对生产环节和流通环节的补贴；从补贴对市场的作用看，可分为“绿箱”补贴和“黄箱”补贴；从补贴的内容看，可分为价格支持，投入补贴，灾害和风险救助，收入补贴以及因执行政府结构调整，环境保护等计划的补偿等。该课题组列举了以下几类带有共性的主要补贴，供广大农民朋友学习参考。

一是直接收入补贴政策。直接收入补贴不与当期的粮食种植面积或饲养的牲畜头数挂钩，而是由政府按基期的面积、产量或其他条件对农民给予直接补贴。直接收入补贴对农产品生产和贸易不产生扭曲作用，因此，为大多数发达国家采用，按照2002年修改后的《2002年农业安全与农村投资法案》，美国政府以下不挂钩的“固定直接补贴”替代原有的“生产灵活性合同补贴”，对种植小麦、玉米、大米、棉花、油料的农场主直接提供收入补贴。欧盟部长理事会于2003年6月26日通过了新一轮的农业政策改革决议，从2005年开始，将原来与生产挂钩的“蓝图”支持大部分转变为与生产不挂钩的“单一的农场补贴”，即“绿箱”支持。日本政府于2000年出台了《针对山区、半山区地区等的直接支付制度》，对农业发展相对落后的山区、半山区的农户进行直接收入支付补贴，以弥补该地区和平原地区生产成本之间的差异。

二是市场和价格支持政策。市场和价格支持政策在稳定农业生产和农民收入方面具有立竿见影的效果，长期以来被很多国家采用，但随着多边贸易谈判的压力，各国都开始将价格支持政策逐步向收入补贴政策转变。美国的价格支持政策一直与收入支持政策紧密联系，一种是由“无追索权贷款”完善后的“销售贷款补贴”，其实质类似于我国的最低收购价政策，但政府不通过直接实施收购来影响价格，而是供需双方继续按照市场价格进行交易，国家将差额直接补贴给农民；另一种是由“市场损失补贴”调整后的“反周期补贴”。欧盟的价格支持政策主要工具是干预价格制度，但近年来由于库存的压力和国家贸易摩擦的增加，近3/4的价格支持预算转向了“蓝箱”补贴，其中谷物、牛肉和奶业虽保持价格干预，但逐步降低了干预价格的力度，对油料作物、蛋白作物和纤维作物不再保留干预价格。同时，按照欧盟新一轮农业政策改革决议，虽说要求原则上取消自1992年开始实行的作物面积补贴和牲畜头数直接补贴的“蓝箱”政策，但决议也作了一些妥协和保留，这些政策在一定程度上还继续实行。此外，美国、欧盟等发达国家还普遍采取出口补贴政策来提高本国农产品在国际市场上的竞争力。

三是投入品补贴政策。投入品补贴主要包括农业生产资料价格补贴、贷款贴息等。投入品补贴政策不仅可以降低农产品生产经营成本，增强本国农产品的竞争力，而且可以鼓励农民多购买和使用化肥等投入品，促进农业设施更新和生产发展。许多发达国家曾经对化肥、柴油、农业用水、农业用电等实行过补贴，目前这类补贴政策主要在发展中国家使用。20 世纪 50 年代法国政府曾规定凡购置新的农机具按原价优惠 15％出售，购买农机零件可降价 20％，差价由国家补给。60 年代，法国政府规定农场主购买拖拉机，政府可以给予投资额 20％～30％的补贴，农用内燃机和燃料全部免税。

四是农业灾害救助和保险补贴政策。对于自然灾害给农民造成的损害，各国纷纷采取农业灾害救助和保险补贴政策稳定农业生产，保障农民收入。美国灾害救助主要包括给没有保险的农产品的灾害援助、农作物灾害支付、牲畜赔偿等。联邦农作物保险公司为参加保险的农场主提供保费补贴，其中 2000 年补贴额平均为纯保费的 53％，为商业保险公司提供再保险服务，同时对商业保险公司的推销费用和理赔费用给予补贴，占其经营费用的 20％～25％，保证从事农业保险的商业保险公司能够得到其他保险公司的利润。日本的农业保险政策是由政府直接参与保险计划，并具有强制性，凡是生产数量超过规定数额的农民和农场都必须参加保险，政府补贴水稻保费的 50％～60％，麦类保费的 50％～70％。

就美国政府补贴来说，美国农业是一个受到高度重视和保护的传统行业，美国政府多年来一直对农业给予许多税收优惠。与其他行业（如工业、服务业）相比，农民所缴纳的税明显要少，额度相对较低，主要有所得税、就业税和地产税等，也没有专门针对农民的税种。农民要缴纳的税中，所得税是最大的一块。所得税是根据收入多少累进计算，收入越高，税也交得多。美国的农场主每年约有1/4的人由于其农场属于资源有限农场而免缴所得税，还有一半的人只需按15％的最低税率缴税，只有5％的大农场主需要按较高税率纳税，这些人交的税要占农业税收总额的一半左右。

美国农业补贴的集中度很高，90％以上的农业补贴集中大约20种农作物中的5种：小麦、大豆、玉米、大米、棉花，这有利于提高大宗农产品的市场竞争力。由于补贴与农作物的面积和产量挂钩，大农场主便成为农业补贴政策的最大受益者，据美国农业部估计，目前大约30％的大农场获得了大约70％的补贴。这不仅使农业补贴政策操作起来更简便集中，也有利于提高大农场的生产规模和竞争力。

美国的农业补贴政策给美国农民带来了巨大的实惠，提高了农民的收入，缩小了城乡差距。由于补贴政策提高了农产品的市场价格优势。使美国农产品能在国际市场上以较低廉的价格获得竞争优势。美国之所以能成为农产品出口大国，很大程度上靠的就是补贴。

同时，美国拥有健全的农村保险体系。美国农业保险体系覆盖范围广，保障水平高，主要属于政策性保险范畴。其具体方式是，由国家财政直接投资成立联邦农作物保险公司，逐步过渡到国家委托商业保险公司开展业务，对其给予一定的财税补贴。这一做法有效地解决了农作物保险风险大、赔付多，一般商业保险公司无力单独承担的问题，促进了农业保险向纵深发展。美国目前农作物可保品种已达100余个，在全美200万农户中，有近150万户投保了农业险，参与率高达75%。从全世界各国发展看，包括补贴政策、保险政策等，都对农业的发展和农民利益的保护和提高发挥了重要的作用。

三、我国现行主要农业补贴政策

2004年以来，中央采取的以“两减免三补贴”为主要内容的支农惠农政策，顺民意，得民心，深受广大农民的拥护。这些政策具体明确，操作性强，其力度之大，含金量之高，落实之快，受益面之广，是前所未有的。2004年，中央财政用于“三农”的资金达到了2626亿元，无论是绝对量，还是增长幅度都是历史最高水平。这些政策的实施有力地促进了粮食增产，农民增收和农产品竞争力增强，为建立符合我国国情的农业补贴制度积累了经验，打下了良好的基础。2004年全国粮食总产4694.69亿公斤，比2003年增长9%，粮食增产与气候因素有关，更得益于国家对粮食生产的扶持政策。2004年农民人均纯收入2936元，实际增长6.8%，其中政策性因素人均增收约50元。到2007年，农民人均纯收入为4140.4元。收入增长大幅提高，其中有一部分为政策性收入。根据农业部课题组的资料，近年来我国若干支农惠农政策确实让农民尝到了实实在在的甜头，这更加增强和坚定了我国当代新型农民奔向小康生活的信心。

1. 免除农业税，农民减负增收

2004年，中央决定在吉林、黑龙江两个粮食主产省先行免征农业税，河北、内蒙古、辽宁等11个粮食主产区降低农业税税率3个百分点；其余地区总体上降低农业税1个百分点。同时，取消了除烟叶以外的特产税。实际上，当年除吉林、黑龙江全面免征农业税外，还有上海、北京、天津、浙江、福建、西藏6个省（区、市）和其他省份的274个县（市）也自主免征或基本免征农业税；河北、内蒙古、辽宁、广东等12个省（区）的农业税税率降低3个百分点；其余省份农业税税率降低1个百分点。全国农民减免农业税减负增收302亿元。2005年，提前实现免征农业税的省份达到28个，剩余的河北、山东、云南3省也有相当一部分县（市）免征农业税可进一步减轻农民负担220亿元。2006年在全国实现了农业税完全免征，原定5年完成的目标提前2年实现，终结了农民2000余年缴纳“皇粮国税”的历史，全国农民因此减负增收500多亿元。

2. 实施粮食直接补贴，提高种粮农民的积极性

2004年，国家从粮食风险基金中拿出116亿元对种粮农民种粮面积实行直接补贴，6亿农民从中直接受益。2005年全国共有29个省（区、市）实施粮食直补，安排粮食直接补贴资金132亿元，比2004年增加13.8%。这项政策直接增加了农民收入，极大地调动了广大农民务农种粮的积极性，2004年平均每个农民因此一项增加收入19.3元。

3. 不断扩大良种补贴资金规模，提高粮食品质和种粮效益

良种补贴始于2002年，当年中央财政安排了1亿元，实施了1000万亩的高油大豆良种推广补贴，对推广大豆良种，提高大豆含油率发挥了重要作用。2003年，中央财政安排良种补贴资金3亿元，用于高油大豆和优质专用小麦良种推广。从2004年起，良种补贴扩大到了大豆、小麦、

玉米、水稻四大粮食作物，补贴范围和规模大幅度增加，2004年和2005年良种补贴的中央财政资金总额分别达到了28.5亿元和38亿元。良种补贴项目的实施，取得了促进粮食生产恢复发展，提高粮食品质，提高种粮效益的实际成效。据初步统计，2004年实施国家水稻良种补贴的7个省水稻面积约2.1亿亩以上，比上年扩大3000万亩，增长17%。推广的强筋小麦品质基本达到或超过国标及郑州商品交易所强筋小麦和约规定的质量指标要求，实现了部分替代进口。示范区大豆含油率达到21%，蛋白质含量达到38%以上，提高了国产大豆的竞争力。

4. 实施农业机械购置补贴政策，促进农业机械化发展

1998～2003年，中央财政每年投入2000万元，先后在辽宁、内蒙古等13个省（区、市）实施了农机具购置补贴项目，取得了良好的效果，2004年中央财政安排了7000万元，在16个省（区、市）的66个粮食生产大县实施农业机械购置补贴，带动地方财政安排了4亿多元。2005年中央财政进一步加大了支持的力度，安排资金3亿元，地方各级财政安排资金约8亿元，补贴范围扩大到全国，实施县数增加到500个。农机具购置补贴政策极大地调动了农民购置农业机械的积极性，改善了农机装备结构，加快了先进、适用农机具的推广应用步伐。据湖南省典型调查显示，中央财政投入带动农民和社会资本投入为1∶8，充分发挥了财政资金“四两拨千斤”的示范引导作用。

农机补贴给广大农民带来了实实在在的好处，大大提高了农业机械化程度，节省了大量的人力，提高了劳动生产率，增加了农民从事新的增收的机会。据《农民日报》报道，2009年在新疆沙雅县，中央用于农机补贴项目资金

950 万元到位，这极大地鼓舞了当地有关部门和广大农民的的工作热情。2009 年共引进各类补贴机具 1460 台，享受补贴农户达 615 人，农民购置农机的积极性可高了。

机械化水平的提高从根本上改变了农业生产的传统耕作模式。现在，沙雅的小麦、玉米、饲料甜菜、小茴香以及棉花的耕、播、滴灌基本达到了全程机械化作业水平，耕地、播种时间缩短了 20 天左右，大宗农作物的收获时间也缩短了 20 天左右，不仅大大减轻了农民的劳动强度，也使他们有更多的时间和精力从事劳动力转移。

沙雅县自 2005 年实施国家农机购置补贴项目以来，争取的中央财政补贴资金已由当年的 50 万元提高到 2009 年的 950 万元，共计 1400 万元，拉动农民投入资金 3200 万元，补贴购置各类农机具近 2300 多台，其中大中型拖拉机 649 台，耕整地机械 664 台，种植机械 631 台，植保机械 38 台，收获机械 342 台，青贮机械 41 台，享受补贴农户 2000 多人，农机补贴极大地调动了农民购买农机的积极性，推动了沙雅县农业机械化进程。

这一事例充分说明作为新型农民，一定要知晓党和国家支农、惠农政策，并且充分利用并依靠这些政策，才能使得自己迅速走上致富路。

5. 不断加大农民技能培训的力度，拓宽农民外部就业增收渠道

2004 年中央财政安排专项资金 2.5 亿元实施了农村劳动力转移培训“阳光工程”，培训的学员转移输出后，月收入比在家务农高出 400 多元，比未接受技能培训的转移人员高出 200 元左右。2005 年，中央财政进一步扩大项目规模，安排资金 4 亿元，地方各级财政安排经费约 5 亿元，

计划培训农民 280 万人。此外，自 1999 年以来，农业部、财政部和共青团中央等共同组织实施了“跨世纪青年农民科技培训工程”，中央财政累计投入 1.5 亿元，地方财政配套投入 3 亿元，全国有 200 多万名青年农民接受培训，培养了一批农业生产的骨干和致富带头人。

6. 实施农业科技推广补贴，提高农业科技水平

实施科技推广补贴对农民而言属于降低外部经营成本的间接补贴。2005 年中央财政安排农业科技信息入户工程，苹果套袋关键技术补贴，优势农产品重大技术推广，保护性耕作，奶牛冻精补贴等农业技术推广补贴 2 亿多元，其中科技入户工程在全国 100 个县 1000 个乡镇实施，选择和培育 10 万个科技示范户，推广 50 个主导品种和 20 项主推技术。该项工程的实施，既创新了农业技术推广模式，有效解决了农业科技和信息与农户联结“最后一公里”的问题，同时也充分调动了农业技术人员，农民的积极性，使得农民有培训班可上，有农技员可问，有新技术可学，有示范户可模仿。此外 2005 年，中央财政还安排了 2 亿元专项资金用于测土配方施肥技术推广补贴，减少了化肥使用量，促进了农业节本增效，保护了农业生态环境。

7. 实施产粮大县奖励政策，调动粮食主产县“重农抓粮”的积极性

2005 年中央财政安排一般财政转移支付 55 亿元用于奖励 800 个产粮大县。这一政策通过财政转移支付的方式对粮食主产区给予了一定的补偿，保护了粮食主产区发展粮食生产的积极性。

综上可见，着力解决关系农民切实利益的生活、生产和生命安全问题，保障农民的政治、经济、文化和社会权

益，努力实现人的全面发展，是我们党和国家一切工作的出发点和落脚点。当前关系农村民生政策，如新型农村合作医疗、农村最低生活保障、农村义务教育阶段实施“两免一补”等政策，在推进农村改革发展和稳定农村社会方面，发挥了重要作用，保障了农村特困群众基本生活问题，有效缓解了因病、因学等导致的贫困问题。新型农民一方面要知晓我们党和国家关于保障和改善民生的相关政策，另一方面要充分利用这些政策，切实保障和维护自己的权益。

新型农民知晓党和国家有关“三农”政策，还可以起到监督各级政府依法行政的作用。步入信息化时代，农民通过各种传媒手段和各种信息渠道，了解到党和国家有关“三农”政策。各级政府是否大力宣传，并依法贯彻执行惠及农民的政策，将接受广大农民的广泛监督，有利于促进建设服务型政府，强化社会管理和公共服务职能。

“晓政策”的新型农民是在推进城乡一体化进程中，对新型农民充分了解并有效利用“三农”政策能力方面提出的要求，包括获取并充分理解党和国家关于强农惠农政策的能力、有效利用政策并获得发展的能力。大力培养“晓政策”新型农民，是对培养“有文化、懂技术、会经营”新型农民内涵的进一步完善，是一项长期而艰巨的任务。要建立和完善新型农民的培养机制，充分发挥政府作为主导力量的作用，动员和引导社会力量，调动广大农民的积极性，为建设社会主义新农村培养和造就一支宏大的知晓政策的新型农民。

第五节　建组织

我国约有2.5亿农户，户均土地规模不足半亩，与世界上其他国家相比，属于超小规模经营。在市场经济深入发展对外开放不断扩大的背景下，作为商品生产者的农户面临国内外市场的激烈竞争。同时，在全球气候变化加剧、极端天气事件频繁发生的条件下，农业生产经营面临着较大的风险。加之由于农户生产经营规模小，交易成本高，抵御自然风险和市场风险能力较弱，小规模生产与大市场的矛盾相当突出。要解决这一突出的问题，要求当代农民建立属于自己的经济组织，把千家万户的分散经营变为千家万户的相互联结、共同行动的生产和经营，实现小规模生产与大市场的有效对接，这样才能不断提高新型农民的整体素质以及市场竞争力，才能让农民有底气，才能增加农民的收入。

一、建立农民自己的经济组织

相信年龄稍微大点的农民都知道供销合作社、信用合作社、集体经济组织。那个年代如果你要扯4尺棉布、称3斤棉花、买2瓶煤油灯油、1斤盐等都要去供销合作社。不管怎样说，在那物资短缺的艰苦年代，这三大类组织为农民生产生活提供了一定的便利，对促进农村经济发展发挥了重大作用。但随着发展，这些农民的合作组织逐渐带有较浓厚的行政色彩，对农民提供服务的功能逐渐弱化，对农民不再有足够的吸引力。

改革开放以来，包括各种形式的专业协会、专业合作社和股份合作社在内的新型农村合作经济组织加快发展，已成为中国农民合作经济组织的主体。这些组织以家庭承包经营为基础，是在以农民为主体的前提下，按照合作制的基本原则组建和成立的，采取了灵活多样的制度安排。这些组织的发展是农村商品生产和农村经济体制转向市场经济体制过程中农民创造力的结果。

改革开放以来，农民合作经济组织的发展可以划分为三个重要时期：一是改革的早期，开始出现了一些合作经济组织的雏形。发展的类型以农民专业技术协会为主，发展的目标主要是解决农民生产中遇到的技术问题。二是 20 世纪 90 年代后随着农产品市场化进程加快，一批生产经营型合作社产生和发展，但发展基本上处于自发发展的阶段。三是进入 21 世纪以来，新的生产经营型合作社发展很快，同时新一代投资型合作社也有所产生和发展，逐渐进入一个自我发展与政府推进相结合的新阶段。

20 世纪 70 年代末以来，中国农村改革获得了极大的成功，为社会主义市场经济的改革和发展创造了良好的条件。但目前农业和农村的发展又出现了新的形势和问题，集中地体现为市场主体发育不足、农民收入增长缺乏后劲、农民互助性的集体行动组织发展滞后、农村公共服务不足等。怎样使分散的小农户获得市场信息，怎样使他们在生产经营中实现与市场的对接，怎样使农民在面对大市场和大资本时有足够的信息和谈判地位，怎样为农民提供多方位的服务，已成为农村建设亟待解决的问题。培育和发展农民合作经济组织，为解决这些问题提供了一个有效的途径，具有重要的意义。因此，建设农民自己的组织，同样是对新型农民的要求。这是为什么呢？

1. 政府做不好或者不好做的事农民自己做

在市场经济条件下，政府有很多管不好，也不该管的地方，需要转变管理方式。在政府与农民之间，应该有一个非政府组织或民间组织，来进行自我协调、管理和服务。中国目前有超过 2 亿多农户生活在农村，并以从事农业生产或相关的工副业生产经营为主业，不可能让这些小农户都独立地去角逐市场、承受风险，因此农村市场主体的建设是其中的关键。农户围绕发展专业化生产，开展多种形式的联合和合作，形成规模效益，符合农业发展的内在要求，也符合广大农民的内在需求。

2. 提升农业产业化水平的需要

近年来，国家积极支持了农业龙头企业的发展，取得了一定的积极效果。但企业以营利为目的，在与农民发展关系的产业链中既合作又竞争，并总是处于有利的竞争地位，与要保护农民增收、构建有利于农业发展的长效机制的需要有差距。因此，在农业产业化经营中，通过发展农民新型合作经济组织，发育农业产业化龙头企业和农户的联系桥梁，不仅能较好地填充农业产业化经营的组织“断层”，还可以有效地协调公司企业与农户之间利益的“双赢”，实现农业产业化，促进农业经济稳定而持续地增长。

3. 增强农民获得可靠收入的必要能力

农民合作经济组织的一个重要功能是通过集体采购和包销产品及服务，为农民提供“交货权”和公共服务，这就提供了生产经营风险分散和利益保护的工具，也增强了农民在市场竞争中的能力。在激烈的市场竞争中，市场供需形式千变万化，经常会出现买难、卖难和价格大幅波动等现象，这对小农是难以承受之重。即使在正常经营的情况下，单打独斗的农民由于生产经营规模过小，在与工商企业和国际商业集团做交易或竞争目标市场过程中也很难与之相抗衡，也很难获取准确的市场信息以及获取或分享二、三产业的增值利润。而合作经济组织的组建使分散的农民在保持产权独立的前提下组织起来，成为团队，形成与中间商和企业主抗衡的力量，在贸易上增强了谈判地位和利益保护能力。合作经济组织通过产前、产中、产后各环节的联合，还使农民可能分享到加工和销售环节的利润，增加收入。

4. 帮助农民解决农村消费安全后顾之忧

近年来，农村消费安全问题突出，主要表现：一是消费市场欺诈现象严重，假冒伪劣品通过各种渠道销往农村；二是农资市场各类违法问题突出，坑农案件频发；三是假劣商品留下安全隐患。造成人员死伤问题突出；四是由于基层市场监管力量不足等，有关消费侵权案件发生后维权难。针对这些问题，除了制定严厉的惩罚制假售假企业和个人的法律制度，加强农村基层工商、技术监督等部门对市场的监管外，一个重要途径就是要发展合作组织，提高农民消费的组织化程度，引导统一和集中采购。这不仅可以解决农民对农资和其他相关消费产品的分散购买问题，减少消费安全风险，而且有利于事后维权。

5. 增强农业国际竞争力

从世界各国经验看，各类合作社组织是世界各国农民最普遍、最受欢迎的组织方式，也是政府有关部门在国际农产品贸易谈判中的重要依靠力量。农产品通过合作社集中加工、储运、销售，不仅把增值的加工、销售利润给了农民，提高了农业自身的经济效益，而且使家庭农场生产与大市场有机地联结起来，大大提高了农民在市场经营中的谈判地位和竞争能力。根据WTO规则，各国政府宏观调控手段要实现与国际接轨，可调控的内容集中于“绿箱政策”、“黄箱政策”等方面。与此相适应，也必须具有与政府宏观调控相对应的组织工具，否则就会陷入被动。按照国际通行的做法，今后中国对农业的支持保护政策可更多地通过合作经济组织加以实施。此外，农民自己的合作经济组织也是政府与国外进行农产品贸易谈判时持有的一个极具分量的筹码。在经济全球化的时代，面临日趋激烈的国内外市场，要使中国分散小规模经营的农产品有能力与国外的大合作社、大集团进行竞争，必须加快培养和发展农民合作经济组织。

6. 增强农民民主管理意识，促进农村社会和谐的重要途径

随着市场经济的快速发展，中国的“三农”问题日益突出，一些社会矛盾也有加剧的趋势。合作经济组织作为群众性组织在收集民意、集中民智中具有有益的作用，是党和政府联系农民的重要桥梁和纽带之一，发展农民合作经济组织可以充当农村社会生活中的安全阀和稳定器，有利于处理好干群关系，减轻政府压力，促进政府职能转变，促进和谐社会的构建。同时，在整个经济体制转向市场经济体制的条件下，个体农户作为当前最大的弱势群体，其经济、政治与文化等的全面发展和实现城乡统筹、区域协调发展，均离不开新型合作制度的建设。通过兴办专业合作组织，培养了成员之间的互助精神，增强了成员的民主管理意识，积累了民主管理经验。在有序行使民主权利的过程中，农民可以得到民主管理的锻炼，提高对现代民主

制度的认知、适应能力。

生动的实践会给广大农民朋友一个有益的启示。2006年的最后一天，28岁的农民陈湖英站在了南昌大学和江西农大的大学生面前，讲解农村现状和未来的发展。此前，他刚从山东农村指导农业生产回到江西省万载县三兴镇红旗村家中。从创办土生金农业发展合作社，到追求与科技、与专家学者结缘，陈湖英的梦想一直没有停止。

为改变家乡面貌，他挑头成立合作社。和许多农家孩子一样，陈湖英小时候就有着对知识的渴望和追求。由于家庭贫困等原因，1997年他踏上了外出打工之路。由于为人本分、踏实，他当上了县移动公司的第一批大客户经理。然而，他心里始终没有忘记家乡三兴农村的落后面貌，一个大胆的想法在他心里渐渐萌生。

2002年，陈湖英在江西省万载县三兴集镇创办了土生金农业发展合作社。合作社按照“民办、民管、民受益”的原则，实行自主经营、自负盈亏、利益共享、风险共担、权利平等、入社自愿、退社自由，并在当地民政部门注册登记。他介绍说，合作社主要给会员提供零利润的农资，免费提供生产技术、市场信息、病虫害防治，以及引导农民向现代农业、优质农产品要效益。现在，已有362户农户加入合作社。合作社每年为会员农户节省农资两三万元，现在发展果园近300亩，引进了数十个新品种。

在这360多户农户眼里，陈湖英是难不倒的农业专家。平日里的随叫随到，也让他成为农户的贴心人。“这只不过是我爱学习的缘故。”陈湖英对农业科技知识的钻劲让人吃惊。2002年，他就买来电脑上网；当年，他从北京农业广播电视大学毕业，获得助理农艺师职称；现在，他家里堆着3000多册自费买来的科技书籍。由于获得信息的来源广泛，他经常自费参加各种全国性的相关会议。对于他来说，这是一次长见识的好机会。

陈湖英说，农民专业经合组织得到法律认可后，将为农民带来更大的福音。他说，农村发展需要培养新型农民，他们是农业新科技、新产品的接受者和实践者，更应该是农村经合组织的积极尝试者。经营好土生金农业发展合作社，承载了他太多的理想和愿望。

“我要做个操作手，为破除陈旧观念‘开犁’”。陈湖英认为，合作社应该有更大的空间来为会员和乡亲们服务。陈湖英要做一件农民没有做过的事，发挥合作社的作用，对村庄进行综合规划、改造。合作社的人明白一个道理：恢复生态是农业可持续发展的必由之路，对农民加强科学发展观教育是农村可持续发展的持久动力，和谐农村是建设和谐社会的重要组成部分。于是，红旗村樟树下村民小组成为他们的“试验田”。记者在这个乡村的重建治理规划上看到，合作社提出了家庭和村庄生态系统结构，具体实施办法有绿肥种植与秸秆还田、农作物病虫害防治、测土配方施肥、社区教育、基础设施维护修建、沼气工程与居住环境的改造等。

真不敢相信，如此科学细致全面的调研、规划，是出自农民之手。目前，规划已实施了几个项目，深受农民欢迎。记者了解到，系统实施乡村重建规划，陈湖英有一种想法，即改变一种观念，形成一种实践。“很多农民有追求科技、渴望发展的愿望，但只停留在个人和思考的层面。”他说，“我要做一个操作手，为破除陈旧观念‘开犁’。”建设新农村，农民永远是主体，农民也可以做好农民的事，陈湖英说，这需要耐心、勇气和实践。由于土生金合作社发挥着越来越大的作用，引起了当地政府的重视，他们正在推进的土壤改良、村庄整治、可持续生产、人才培训等，也吸引着更多的农民注目合作社，加入合作社。

“不安分”的农民结缘40多位专家学者。是什么让陈湖英办起合作社一直走到了现在？有人笑着说，是“这个伢崽不安分”。然而这种“不安分”的劲头，使陈湖英有了许多朋友，他们当中有农业部的研究员，有中国农科院和省农科院的专家，有大学教授，有经济日报社的编辑，有省农业厅和农委的干部、专家。2006年，是陈湖英意外收获最大的一年。

2006年5月，中国人民大学乡建中心人才培训计划招收第二期学员，由于这个项目的门槛很高，陈湖英想去但又毫无信心。求学的强烈愿望最终使陈湖英打消了顾虑，他将个人资料和论文寄到了“人大”乡建中心。让他惊喜的是，通过3次审核，陈湖英收到了录取通知书，成为20多个学员中唯一的一个农民。8月和10月，陈湖英来到中国人民大学进行了2个月的乡建培训，温铁军、刘老石等著名专家为学员们授课。“一年的培训全部免费，国家还给学员每月补助400元。”陈湖英十分珍惜学习机会，在这里他不仅学习了农村经济理论，更获得了自信。他的农村实践也时常成为老师课堂点评的内容。

2006年11月26日，陈湖英应邀进京参加了有关部门组织的新农村建设交流会。他还被“梁漱溟乡建中心”聘为“绿色农业干事”，有计划地到全国进行农业指导。这个身份，带给他一台笔记本电脑和每个月1000元的补助。目前，他已到河南、河北、山东农村指导农业生产。农民也可以成为知识型专家，陈湖英作出了榜样。因为科技和信息，因为农业发展合作社，陈湖英已经走得比普通农民更“远”。相信不久将有更多农民走得很“远”，到那时，社会主义新农村离我们就不远了。

二、农民建立组织为哪般

新型农民建立自己的组织，究竟能够做些什么呢？下面这个现实的例子会告诉我们答案。

四川省乐山市井研县是一个缺水县，几乎年年有旱情，所以非常重视水利建设。全县干部群众集资建了一个大水库，在解决稻田用水的同时发展旅游，也为水产业的发展创造了条件，近年来随着渔业科技的推广，井研渔业生产得到迅猛发展，“吃鱼难”问题瞬间转为“卖鱼难”，2002年全县水产品总量达到5620吨，养鱼户明显感到成鱼销售带来的压力，当年8月，由具有10年从事水产营销经验的农民张会群牵头，成立了县水产业协会，协会刚成立时以水库的46户团体会员为主。近年来，这个民办、民管、民受益的合作经济组织，提供的“五个服务”对养鱼专业户具有极大的吸引力，在农民兄弟中流传着“跟着协会干，保证有钱赚”的说法，事实上，协会规模养殖会员户均水产纯收入每年达到1万元以上，联系户的户均水产品纯收入每年千元以上，全县水产业总产值达到1.12亿元。目前协会会员已达199户，其中个人会员153户，联系农户1360个，辐射带动农户超过5万个。这么多的农民加入养鱼的队伍，原有的水面早就不够用了，许多业主纷纷投入水产业，利用冷浸田、鸡啄田、囤水田，开发水面资源，发展规模化、标准化稻田轮作养鱼，到2004年全县水产品总量达到 1.4 万吨，2005 年肯定超过 1.5 万吨，未来几年每年都会增产 1000 多吨，“十一五”末将会达到 2 万吨。

水产协会的成功做法主要有：一是设立技术、鱼病门诊，专家聘请水产专家编制了规范化养鱼技术操作规程手册，免费开展技术培训、咨询和上门服务。二是提供鱼种，不断引进更新水产养殖品种，坚持先示范后推广，仅 2005 年就组织优质水花 1200 万尾，大规模鱼种 300 吨。全县名特优品种有中华鳖、武昌鱼、美蛙、各种鲇鱼等 18 个。三是提供垫资服务，先后垫资 500 多万元，向会员和农户赊销鱼种、渔药、渔具、饲料，在回收成鱼时抵扣。四是提供融资服务，筹资 30 万元在农村信用社建立担保基金，为 52 个养鱼大户担保贷款 120 万元。五是提供物资服务，聘请专人开展生产物资零利润配送，仅 2005 年向会员配送光合细菌 60 吨，增氧机 400 台，全自动投饲机 35 台，渔药 1 吨，鱼饲料 1500 吨，为会员和农户节约成本 48 万元。

水产协会为使养殖的水产品卖得出去、卖个好价钱，协会设立了市场营销服务部，2003 年又专门组建了井研县惠群水产品营销公司，常年聘请专业销售人员 27 名，配置专门运鱼车 12 台，构建了省内省外两个市场网络。目前，不但在省内的自贡、内江、宜宾、成都等城市设立销售网点 22 个，而且在重庆、贵州、云南等省市建立销售网点 15 个，每天水产品销售量在 20 吨左右。2004 年水产品营销公司共销售水产品 7000 吨，占全县水产品商品量的 75%，占乐山市销量的 25%以上。

为保证农民养鱼赚钱，协会与会员签订订单，承诺水产品营销最低保护价，2005 年与会员、农户签订订单 165 份，合同价值 2300 万元，公司水产品营销价格每公斤高出周边地区 0.2 元，保证合同户养多少就销多少。从 2003 年开始，协会对会员实行二次返利，规矩是对会员的鱼货，协会根据当年行情定保护价收购，统一销售。通过财务核算，除去销售环节的税费后的净利润，按协会章程提取 25%的公积金和发展积金后，再按会员 80%、协会 20%的比例进行分配，会员分配的部分按各户交售的数量计算分配到户。

广东肇庆市德庆县农民组织建立专业合作组织——农资配送公司，同样给农民朋友一个鲜活的事例，说明当前我国的农民必须是“建组织”新型农民。

如何确保农业产业快速发展，保证主导产品优质高产，实现农民长期稳定增收？建立农民专业合作组织是一条有效途径。广东德庆县根据主导产业的实际情况，组织建立了农民专业合作组织——农资配送公司。它是在政府的主导下，由德庆县柑橘协会发起，发动果农入股，按照“政府引导，农民参股，企业经营，市场运作，政府监管”的模式运营。农资配送公司从 2006 年 3 月成立以来，已投入资金 500 多万元，公司已接受农民入股 160 多户，股金总额达 140 多万元，占公司总股本的 25%。德庆县开设总店 1 个，连锁分店 12 个，使每个镇都有一家以上的农配公司网点为农民服务。

在德庆县政府的支持、监管下，农资配送公司直接向由省、市农业部门和专家推荐的信誉厂家进货，减少了中间环节，降低了成本，农民不仅可以买到优质可靠的农资，而且价格也较低。目前，德庆县的农资价格是广东省最低、最稳定的，比周边地区降低 10%～15%，一亩柑橘可降低生产成本 100 元左右，仅此一项，德庆县农民每年可少支出 1000 万元以上。

另外，农资配送公司在促进农业科技推广和标准化生产管理，保障主导产业的发展方面起了重要作用。德庆县政府指定县农业局及各镇政府为各镇农资配送门市部派出3～5名农技员，现场为果农免费提供农技服务或者到田头实地指导。印制了贡柑、沙糖桔标准化种植的肥水管理和防治病虫害知识宣传单，发送给果农，并经常应果农要求到田头察看柑橘生长情况，帮助果农提出施肥试药意见。同时，还组织广东省，市农业技术专家和肥药厂家的专家经常开展农科宣传推广，使群众在购买农资过程中学到农业技术知识，使农民标准化种植柑橘的技术不断提高。

由于农资配送公司有县镇两级的技术支撑，按标准化种植要求备足有益的肥料农药品种，有效指导果农科学合理用肥用药，极大提高了效益。德庆县局部地区发生了柑橘炭疽病，并有蔓延爆发之势，2007 年，在广东省农业厅组织专家深入会诊并提出科学正确用药的基础上，农资配送公司迅速购进了有效防治炭疽病的农药，广大果农在德庆县政府的组织下开展统防统治，及时扑杀病菌，控制了疫情，防止了炭疽病蔓延，保障了德庆县柑橘产业的安全。

第六节　讲文明

新农村建设总要求其中一条是“乡风文明”，这就要求新时期的农民是讲文明的新型农民。乡风文明是新农村的和谐动力，是指农民群众的思想、文化、道德水平不断提高，社会风气健康向上，教育、卫生等社会事业逐步适应农民的需求。它是农村精神文明建设的核心，也是建设社会主义新农村的灵魂。文明乡风主要包括文明、科学、健康的生活风尚，良好的环保、卫生，生态意识，移风易俗，科学、文明、法治的生活观。文明乡风，可以反映农村精神文明建设的成果和农民文明素质与农村文明程度，是为全面建设农村小康社会提供一定的精神动力和思想保证。

一、新型农民是讲文明的农民

近年来，封建迷信、聚众赌博、乱修寺庙敬神等歪风邪气在农村一些地方屡禁不止，一部分人国家集体观念淡薄，偷盗、吵嘴闹架、红白喜事大操大办等不良风气有所蔓延，影响了农村社会的稳定。解决这些突出的问题，必须大力弘扬公民道德规范，采取多种形式加强农民思想道德教育。要从社会公德、家庭美德等方面着手，逐渐树立品德，端正不违法、应缴税（费）不拖欠、计划生育不超生、家庭和睦不拌嘴、孝敬老人不忤逆、邻里互帮不生是非、崇尚科学不迷信、健康娱乐不赌博、移风易俗不浪费等良好的风尚。要根据乡村生活的现实和乡镇群众的思想状况，循序渐进地开展思想政治教育，建立有乡村特色，适合基层操作的日常行为规范、乡规民约，引导人们积极参与道德实践，形成文明礼貌、诚实守信、爱岗敬业、爱护公物、遵纪守法的公民道德风尚。

要缔造文明乡风，必须大力开展形式多样的精神文明创建活动。精神文明创建活动，是建设文明乡风的有效载体。要立足于育民、富民、智民、塑民，开展多种形式的宣传教育活动和群众广泛参与、富有乡村特色的精神文明创建活动。如像一些地方开展的“文明村镇”、“文明家庭”、“十星级农户”、“科技示范户”以及部分乡村开展的评选“好媳妇”、“好婆婆”等活动，吸引了广大农民群众广泛参与，从而使农村精神文明建设进村入户到人，收到了好的效果。

要缔造文明乡风，必须加强农村文化阵地建设，丰富农民的精神文化生活。改革开放以来，我国农村发生了巨大变化。随着经济的发展，在物质生活水平不断提高的同时，绝大多数农民，特别是先富起来的农民，已不满足于“白天拿锄头、晚上靠枕头”这种单调的生活方式，因此，要以满足农民精神文化需求为核心，加强农村文化阵地建设，用丰富多彩的群众文化满足农民群众的精神文化需求；要扩大广播、电视覆盖面，组织好文化、科技、卫生“三下乡”，鼓励和支持农民开展业余文化体育活动，使更多的“农民剧团”活跃乡村，更多的“农民球队”走上赛场。要充分利用农民夜校、村镇文化站、阅报栏、老年活动中心等文化阵地，大力开展市场知识、科技文化、法律法规、方针政策、道德规范等方面的教育，引导教育农民爱国爱家，敬业奉献，自强自立，勤劳致富，遵纪守法，依法办事，倡导文明，树立新风，促进农村整体文明素质的提高，加快建设社会主义新农村的进程。

二、富裕农民是讲文明的农民

当前，我国农村劳动力整体素质不高，已成为建设新农村的主要障碍。有关资料表明，全国4.97亿农村劳动力中，高中以上文化程度的只占12%，而小学及以下的占40%。全国92%的文盲、半文盲在农村。与此同时，绝大多数农民没有受过职业技术和技能培训。有的地方农民把赌博当娱乐，赌资巨大。在北方有的农村，“3个月种田，

3个月过年，3个月耍钱，3个月游闲”。有的地方农村道德失范，诚信缺失，讲排场、比阔气、铺张浪费严重。

特别是改革开放以来，农村实行了联产承包责任制，农民生活改善了，农民收入增加了，和从前相比农民普遍致富了，而且还有不少农民富得不是一般，这是好事。但少数农民富了之后，似乎不知道是怎样富的，不知道珍惜自己的劳动，甚至极个别富裕了的农民不知道自己姓谁名谁，认为自己有了钱，什么事情都可以做，并没有在孝敬父母、破除陋习、抵制迷信、弘扬正气、带动文明方面起到示范作用，相反败坏了风气。新型农民对此应该有清醒的认识。

作为新时期的富裕农民究竟是怎样的呢？河北省霸州市胜芳镇曾是被上级机关授予“文明城镇”、“小康建设明星镇”称号的小镇，这个镇曾经一度赌博活动十分猖獗，几个用于赌博的大棚直接面向大街，赌点竟然安装着音响，劝人下注的声音分外响亮。完全公开的赌博活动，吸引了众多农民参与。直到记者明察暗访后，才暂时“人去棚空”。中央电视台“焦点访谈”甚至就此还做了一则报道。也许这个报道会给我们农民朋友一个很特别的教育。

您好，观众朋友。欢迎收看“焦点访谈”。

在春节这个喜庆的节日里，大家往往要好好地热闹热闹。可是，过年期间有群众反映，在河北霸州的胜芳镇，有人明目张胆地在大街上开设赌局，参与者甚至还有未成年的孩子。

春节期前，我们的记者到胜芳镇进行了调查。

记者：你知不知道这里有一个赌钱的、玩色子赌钱的地方在哪儿？在哪条街？

居民：在那条街上。

记者：在哪条街？

居民：在东风大街。

解说：胜芳镇是河北省经济强镇，2005年刚刚被授予全国文明城镇和小康建设明星镇。东风大街是这里最繁华的一条街道，当地人又叫做“服装街”。

记者陈洁：这里就是胜芳镇上的服装街，平时因为这样的服装门店多，这里非常热闹。但眼下，还没有出正月十五，服装门店大多没有开门，而这条街上依然很热闹，热闹的是另外一种声音，您注意听：“庄家：三，下注，下注，二，离手，离手。”

记者：声音就是从我身后的大棚里传来的，这些大棚到底在干什么，怎么会传出这么奇怪的声音呢？我们现在就去看一下。

庄家：红中、北风与发财。接着下，接着玩，继续下，继续玩，开心地下，开心地玩，新年新气象，让咱大家一起玩。

解说：我们看见，大棚里摆着一溜儿这样的桌子，上面有东、西、南、北、中、发的字样，有的字上押着钱，说话的是这个拿着话筒的人。随着他的倒计时，三枚色子会滚落在地，色子停稳后，呈现出三个字，客人押得如果和色子呈现的相同就可以赢钱，没有押中，钱就被庄家收走，原来这是利用色子在赌钱。服装街上，这样的大棚还有四个，另外还有一家露天的，这些赌点都安装着音响，劝人下注的声音分外响亮，在整条街上此起彼伏、热闹非凡。这还真吸引了不少人，每个赌点前都里里外外围上了好几层。

庄家：二离手，一开。两个北，一个南，再下，再押。下注、下注、三下注。

解说：赌局公然设在了大街上，是什么人这么大胆？记者找到一个当地人打听。

居民：谁也不敢这样呀。

解说：顺着这条街走一趟，记者发现，这里和赌博有关的活动还真是不少。

大棚边上这个投篮的也是赌钱，大家赌的是篮球停在什么色块上，不同的色块赔率不一样。而马路中间，这一小群一小群的，玩得是和赌钱有关系的骗人的小把戏。这个用的道具是绳子，这个说起来是猜瓜子，其实目的都是为了骗人骗钱。这不，这位妇女刚刚上了当。

居民：骗人，他们都是一伙的。

解说：所有这些赌博以及和赌博有关的活动，集中在服装街路口前后700米的范围内，记者注意到胜芳公安分局和这些公开的赌博点离得很近，中间的步行距离不过600米。在现场，记者不止一次看到身着警服的人在街上和人聊天，旁边就在赌钱。警车也不止一次地从这些正在赌博的大棚前开过，却不加干涉。警察对这些情况到底管还是不管呢？14点40分，记者以当地过路人的身份拨通了当地公安机关的报警电话。

河北省霸州市公安局胜芳分局民警：您好，胜芳公安局。

记者：您好，是胜芳公安局吧。

河北省霸州市公安局胜芳分局民警：是。

记者：我是一名普通群众，想向你们举报一件事儿。我看见大街上有好多的大棚子里面坐着赌钱的，而且我看赌得还比较大，向你们反映一下这个事。

河北省霸州市公安局胜芳分局民警：这个情况在哪啊？

居民：就在汽车站那条街上。

解说：听起来，接警人员好像对这里的赌博情况毫不知情，在问完详细的地点后，他们表示会有警察过来看一看。不一会儿一辆车牌号为冀R0812的警车在服装街出现了，可警察并没有下车，只是坐在车里用手机指了指。大棚里立即跑出一个人来，两人说了几句话。这其间，大棚里的生意一直没有中断，警车却就这样又开走了。

警车来了又走了，赌博却照样在进行，这是怎么回事儿呢？记者再次以举报人的身份，拨通了胜芳公安分局的电话。

河北省霸州市公安局胜芳分局民警：我们已经派人过去了，他们走后可能又开始弄了。

记者：对。

解说：放下电话几分钟之后，又一辆警车到了现场，这一次大棚的帘子是放下了，里面的声音却没有停，依然赌得热火朝天，不一会儿放下的帘子又被挑了起来，这种情况周围摆摊的小老板们都见怪不怪了。

居民：这个没有人干不了。

记者：怎么叫没人干不了？

居民：没有人罩着嘛，有关系网啊。去年这一溜儿全是玩这个的，今年就没有了，今年少多了，不让

（开赌场）。

记者：不让（开赌场），是吗？

居民：玩这个有人罩着就可以呗，要是别人就开不了。

记者：来人管怎么又开上了？

居民：人（关系）硬呗。

记者：2月9号，雪过天晴，街上的赌点早早开张了，记者第三次报警，这次警车停都没停直接走了。当天下午，记者只好以公开身份来到胜芳公安分局，一个半小时候后，当记者和公安分局的张副局长一同来到现场，却见到了另外一番景象。刚刚还热闹非常的赌博场面，此刻一下子全消失了；刚刚还人头攒动的赌博大棚，已经人去棚空，有人甚至已经开始拆除大棚了。

记者：这也是刚刚拆的这个。同志，你们是公安局的吗？

河北省霸州市公安局胜芳分局民警：对。

记者：是公安局的，这会儿你们的任务是什么？

河北省霸州市公安局胜芳分局民警：就是把这个拆除。

记者：拆除，为什么呀？什么原因呀？

河北省霸州市公安局胜芳分局民警：我不知道。

记者：局里面给他们是什么任务？

河北省霸州市公安局胜芳分局副局长张德生：可以了吧，大姐。

解说：沿着大街走了一圈，刚才还品种繁多的赌博摊点全不见了，这下副局长有话说了。

张德生：能看的你都看到了，现在有什么情况，你都是看到的。

记者：我现在看的就是折了呀。

张德生：折了，以前是什么，这个事儿咱进一步调查吧。

解说：这种说法并不意外，因为在胜芳分局，记者已经见到了2月8号我们两次报警的记录，出警结果要么是没找到报警人，要么是未发现情况。而且，记录上还有其他群众的多次警报，出警结果也同样是未发现情况。

记者：一般是什么情况下就发现不了情况呢？是特别隐蔽吗？还是怎么着？

河北省霸州市公安局胜芳分局民警：这个就是说到那儿之后与报案人联系不上，接到报案人报案之后，没发现有什么情况。

记者：就是说报案的这个情况他没发现，这个情况不存在，他没看到。

河北省霸州市公安局胜芳分局民警：对，或者不存在。

解说：明明存在，而且就在大街上公开设赌，可出警的警察就是发现不了，这真是怪事。现在，街上的赌博真的消失了，那么在这路记者和当地公安机关联系之后现场到底发生了什么呢？来看另一路记者记录的情况。这是记者与当地公安机关取得联系之前；一个小时后，两辆警车先后开来，其中一辆在这个大棚前停下了，然后大棚的人散去，庄家的人开始收摊。再看露天的那家，也开始收摊，其余几个大棚也都关了，动作快的已经开始拆棚子了。看起来好像是警察开始查处了，可是警察们既没有没收赌具，也没有去控制设赌局的人，而是动手帮忙拆起了大棚。

2月9号晚上，服装街上彻底打扫干净了，几个小时前还热火朝天的赌博场面消失得无影无踪，好像从来没有存在过。

2月10号上午，记者找到胜芳镇主管文教的副镇长，采访他对这件事情的看法，没想到得到这样的回答。

河北省霸州市胜芳镇副镇长：它不可能在大街上，不是说我否定你，我刚才说拉着我看看去，是不是有这回事儿。你昨天看见的时候，你不拉着我去看，今天它取缔完了，你再拉着我去看去，就是有，我不是说你录也好，怎么着也好，你说叫我怎么认可这件事儿？换你是我，叫我怎么认可这件事？

记者：对，要怎么说你才认可呢？

河北省霸州市胜芳镇副镇长：怎么说我也不可能认可，我没看见。

演播室主持人方静：我春节的时候亲朋好友聚在一起，在家里也会玩一玩，乐一乐。可是像河北霸州这样，在大街上公开设赌，不仅严重污染了社会风气，而且是对国家法律的公然挑衅。赌博现象一直是我们栏目关注的一个问题，最近一些地方的观众给我们打电话，反映当地还存在对赌博问题管理不利的现象，希望引起当地有关部门的重视，采取有效措施，不给赌博恶习滋生的土壤。

好，感谢您收看这期的“焦点访谈”，再见。

这件事反映了一个问题：建设社会主义新农村，不仅要发展经济，还应提高农民素质，培育讲文明、守法制的新型农民。新农村建设，要求农民讲文明，就要有“精神气”。这是国家文化扶贫奖获得者、河南新密市楚沟村村委会主任尚银州说的，“新农村建设关键是要有一支有知识、有文化、有思想的新型农民队伍，挣再多的钱也有花完的时候，而知识却是永不枯竭的资源!”

河南省郑州市新密市城关镇楚沟村村委主任尚银州，任楚沟村村委主任5年来，凭着自己三年军旅生活历练出的毅力和胆量，先后在村里的文化建设上出资650多万元，撬动了智力脱贫的杠杆，使该村成为闻名河南的“书法村”、“特色文化村”、“小康村”、“农民书画基地”。2006年、2007年，他连续两年荣获“国家文化扶贫奖”，并受到中央领导的亲切接见。

向每户村民赠订《农民日报》等报刊进行智力扶贫。1999年5月，尚银州全力投身商海弄潮。短短几年时间，凭着拼搏与实干，在商业竞争中脱颖而出，成为当地小有名气的农民企业家，每年向国家上缴利税1000多万元。然而，刚刚走出成功第一步的尚银州，并没仅仅把眼光盯在自己企业的发展上。2003年12月，他又作出一个别人并不理解的决定：自己出资12万元订阅《农民日报》、《农村工作通讯》等300多份报刊，免费赠送给每户群众阅读。为引导村民提高读报兴趣，他还组织大家开展“读报用报比赛”，各自推荐好的致富信息，供大家学习研究，根据评选结果进行一定的物质奖励，很快带动了大家学报用报的积极性。

种植葡萄多年的村民尚德峰从《科技日报》上学到一种国外广泛采用的套袋培育技术，不但减少了人力，还提高了产品质量，年收入净增2万多元。村民张宗振从《农民日报》上看到关于农村土地流转政策的解读后，打消了顾虑，决定承包80亩林地发展林果种植业，现在他的林果种植基地方兴未艾……

在这一年村民换届选举时，全村选民1653人，尚银州以1618票当选为楚沟村村委会主任。他的就职演说语重心长：“新农村建设不仅仅是要发展经济，更要改变农村人传统的思维模式、生活方式，用积极向上的文化提升新农村建设的软实力。”

尚银州改变村民传统生活习惯的第一步是加强村里公共设施建设，治理村容村貌。配合村容整治活动，尚银州又自己出资100万元打了两眼机井，修建了下水道，硬化了路面，把自来水通到每一户村民家中。现在漫步楚沟村，水泥路面宽阔整洁，房屋建筑风格统一，错落有致，走进村民们家中，现代化的厨具、洁具令人耳目一新。

为进一步拓宽信息流通渠道，从2004年至今，他还在村里举办各类培训班62期，仅聘请老师讲课就支付了20多万元。5年来，村里实现了产业结构的合理调整，还新增20多家种植养殖专业户，村民们的平均收入翻了两倍以上，有不少村民还成了远近闻名的“土专家”、新政策的讲解员，经常被邻村请去讲课呢！

个人拿出120万元设立助奖学金兴教助学。楚沟村地处偏僻山区，交通闭塞，教育基础差，以往几年出不了一个大学生，这让尚银州看在眼里，急在心上。2001年初，刚刚在商海中崭露头角的尚银州就找到村小学校长：“所有孩子的学杂费由我个人出一半，家庭困难的我全包，但一定要保证不能有一个孩子辍学！”到2006年国家免除义务教育阶段学生的学杂费时，尚银州已经为学生们支付了100多万元的学费。

楚沟村属黄胶泥土质，一遇阴雨天气，道路便泥泞难行，给孩子上学带来很大不便。为方便孩子们上学，尚银州又从自己计划投资生意的资金中支出180万元，请来县城最好的施工队，将本村和邻村所有道路修成水泥路，外接交通主干道，内通村民组，村里师生们高兴地称之为“银州高速”路。他还个人出资5万多元，为村办小学粉刷了墙壁、硬化了地面、更换了电源线路，美化了学校的环境。

为奖励人才，尚银州还自己出资设立了奖学金和助学金，楚沟村的孩子只要考上大学，按照重点、本科和大专，分别一次性奖励5000元、3000元和1000元。记者在村里的文化宣传栏上看到：村办小报《村情民意》将全村所有小学至高中学生的入学情况进行了详细的公布，并将全村每名考上大学的学生和家长的姓名列出光荣榜。村党支部副书记陈玺告诉记者，每年高考后，尚银州都要带领村委人员一起到考上大学的学生家里去慰问，还要召开村民大会公开颁奖。

9年来，楚沟村共走出了54名大学生，20余名中专生，村里高中在读学生比全市的平均数高出了2倍。

出资修建2000平方米文化大院开展农民文化活动。祖辈居住在半山坡的楚沟村民，物质生活越来越富裕，他们心里还想要些啥？尚银州常常看到挣了钱的乡邻农闲时不是聚众赌博、打架斗殴，就是串门闲扯、闹出矛盾，作为村委主任，他必须对这个问题进行思考。

经过一段时间走访和与村民座谈，尚银州自己出资60余万元为村里修建了2000多平方米的“文化大院”，内设图书室、歌舞厅、科普培训馆、文体活动室等学习娱乐场所，抽出专人管理，一年365天全天候开放。同时成立了锣鼓队、舞狮队、秧歌队、迪斯科舞蹈队，只要一有时间，就组织大家开展活动，每年还在春季举办一次全员参与、独具特色的村民运动会，半年组织一批党员和“文明家庭标兵”到外地旅游和参观学习。

楚沟村人有喜爱书法绘画的传统，为给大家提供更好的交流平台，尚银州2002年又拿出20多万元在村里建起了“书画基地”，并在每年元旦、春节等重大节日举办书法绘画大赛。目前，全村上至古稀老人，下至年幼儿童，舞墨弄画者比比皆是，只有2052人的楚沟村，省、市书法协会会员就有200多人，村民参加各类书画比赛，获国家级金奖30多个，该村由此被省、市分别命名为“河南省特色文化村”、“农民书法村”、“农民书画创作基地”。

农民是新农村建设的主体。建设社会主义新农村，急需培养造就千千万万高素质、讲文明的新型农民。这是新农村建设最本质、最核心的内容，也是最为迫切的要求。培育和造就讲文明的新型农民，应开展形式多样的道德教育，开展争创文明村镇、文明户等多种多样的活动，促进农村形成团结互助、扶贫济困、平等友爱、融洽和谐的良好风尚。完善乡村文化设施，扶持发展各种文化团体，充实、丰富和活跃农民群众的文化生活，引导农民崇尚科学，抵制迷信，移风易俗，破除陋习，着力刹住迷信风、浪费风、赌博风，倡导科学健康的生活方式。同时，深入开展法制宣传教育，让广大农民学法懂法，守法护法。

第三章　培育新型职业农民的途径

第一节　培养新型职业农民是一项战略性工程

作为中国社会科学最高研究机构，也是国家最高智囊机构的中国社会科学院，在最近举行的2009年《农村经济绿皮书》发布会上，中国社会科学院农村发展研究所副所长李周表示，2008年绿皮书的专题是扩大农村内需。提高农民收入，提高农民增收能力和提高农民的消费力都是扩大农村内需的重要举措。

关于如何提高农民的增收能力，绿皮书认为，农民的增收能力和竞争能力的提升，受到知识、技能、经验和信息不足的严重制约，所以，必须把培养有文化、懂技术、会经营的新型职业农民，作为关系国家长远发展的战略性工程。并提出如下建议：

——健全知识传授网络。目前已有诸多知识传授网络可供农民使用，下一步要做好网络的整合和终端的进村进户，同时使内容更丰富、更新得更快、讲解得更好、更合乎农民的需求。

——加强农民技术培训。农民在技术培训市场上有充分的选择权，技术培训机构在市场上有充分的竞争力，是解决现实中技术培训供给与需求脱节问题的关键举措。政府采用给农民发放培训券的做法，可以较好地达到这两个目标。政府兑现培训机构得到的培训券，应该不是难题。

——构建经验交流平台。基层政府应根据农民的需求组织更多的经验交流、技能展示等现场观摩活动，使农民有掌握新的经验的机会。

——完善信息传递渠道。现在，大多数农户的生产经营活动是以市场为导向的，对农户来说，及时把握市场和技术信息的重要性变得越来越重要了。信息的搜寻、整合及更新是规模经济极为显著的活动，政府在这方面应该承担很大的责任，并能够作出更大的贡献。

中国社会科学院专家的意思很明显，认为当前我国农民的增收能力和竞争能力很有限，主要原因是受到知识、技能、经验和信息不足的严重制约。同时认为持续多年我国国内需求不足，主要原因是我国农民的消费能力也是非常有限的，而消费能力有限，主要原因是农民收入不高，而收入不高导致国内需求不足，其最根本的原因是当前我国农民的文化知识、技能、经验和信息不足严重制约了农业、农村发展、农民增收。专家建议将培养有文化、懂技术、会经营的新型职业农民，作为关系国家长远发展的战略性工程来抓，这是给我国当代农民发展开出的良方。

问题至此，农民朋友们会问这样一个问题，农民究竟怎样才能成为一个新时代的新型职业农民呢？

第二节　培训新型职业农民的内容要求

培养新型职业农民，要求农民是有文化、懂技术、会经营、晓政策、建组织、讲文明的新型职业农民，首先要在培训内容上符合现实生产、生活，符合农民的需求，也符合发展的需要。

一、培训内容要符合农民致富增收的需求

开展新型农民培训，首先要从农民的实际需求考虑。北京市开展的农民培训调查表明，83.2%的农民觉得最缺的是农业专业知识和实用技术。河北省玉田县3个村的农业劳动力参加培训的主要目的是“学习技术、科学生产”，3个村的625个劳动力中有471人选择这一条，占75.36%。可见，农民参加培训不是图虚荣，不讲究形式，也不搞花架子，而是讲求培训的实用性，从而提高自身的技术能力和致富本领。

二、培训内容应与优势产业相结合

农民培训的重点是农业生产技术，但技术必须是与区域优势产业相结合，否则没有吸引力，也没有实际意义。农民培训与优势产业相结合的实际意义在于：农民学了就能用，用了能增收，因此可以形成良性循环。在实际的调研中也发现，培训工作只要与优势产业结合，就能得到农民的欢迎，农民就愿意学，并且愿意在增收致富的过程中尝试一番。如果获得成功，说明培训成功了，他们以后也愿意参加类似的各种培训。

三、要加强经营管理和市场营销技术的培训

农产品卖难是比较突出的问题，其中有价格、市场供求、产品质量、运输条件等方面的原因，同时农民自身的

经营管理、市场营销能力有限也是一个不容回避的重要原因。这几年经常会在电视、报纸、网络上看到瓜农丰收了但销售不出去或柑橘丰产了却遭遇没有市场等类似的报道。河北玉田县陈家铺乡老汪铺村有些农户种植品种好、质量优的西瓜，但由于缺乏市场信息，更不懂农产品的市场营销，导致西瓜烂在田间卖不出去，结果是越增产越亏损。另外，由于信息不对称，农民把农产品卖给进村的贩子等，其价格往往低于市场，蒙受不必要的损失。传统的营销导致多数农民主要以消极心理对待市场，不善于发现市场营销机会，更不会规避市场风险。目前，我国的农业发展不但受资源影响，而且受市场约束，这就要加强农业经营管理、市场营销等方面的培训，不仅使农民掌握生产技术，还要让农民掌握经营管理、市场营销技术，从而增产又增收。

四、在突出重点的基础上，要讲求培训的全面性和系统性

农民最讲究实用性，因此培训的重点是提高技术能力。必须看到，农民受各方面的局限，也有狭隘性，对思想道德修养有所忽视。河北玉田县的调研说明了这一点。玉田县朱庄村、小套村、老汪铺村农民对技术培训的需求比重较大，其中：粮食作物技术占 23.93%，经济作物技术占 26.72%，高效养殖技术占 27.50%，三项合计为 78.15%，另外，农民对经营管理与市场信息培训的需求所占比例也较大，为 14.29%；这都说明农民对培训的需求讲究实用，需求主要是和增收联系在一起；而这三个村的农民对政策法规和公民道德培训的需求所占比例为 2.13%，文化素质

培训需求所占比例为4.09%。无论是道德需求，还是文化培训需求，都远远小于技术、经营管理和市场信息的培训需求，说明农民有狭隘的一面，对思想道德和文化素质有所忽视。鉴于农民具有以上二重性，培养新型农民既要重视农民技术能力素质的提高，又要重视农民的思想道德素质的提高，在以技术培训为重点的基础上，讲求系统培训，全面提高他们的素质。

第三节　以政府为主导的新型职业农民培训

培训新型职业农民的工作目标就是全面提高农民做事能力和做人能力。提高农民的做事能力，要求加强培训，提高农民从事农业生产、农产品加工能力、参与国内外农产品贸易的市场竞争能力，使得农民真正成为农业的生产者、经营者和竞争者，实现增产又增收。提高农民的做人能力，要求通过培训，使农民形成重法律、讲政策、守合同的良好道德价值取向，并示范、带动、鼓励广大农民在生活中实践这些价值取向。为此，我国还制定了一个培训计划，也就是从2006年到2010年，在“十一五”期间，从全国68万个村中选择主导产业比较明显的20万个村，培养1000万个有文化、会技术、懂经营的骨干农民，其中培养以从事农业生产为主的新型职业农民700万人；培养以从事农业机械化作业为主的新型职业农民100万人，培养以从事农产品加工为主的新型职业农民100万人；培养以从事农产品营销为主的新型职业农民100万人。

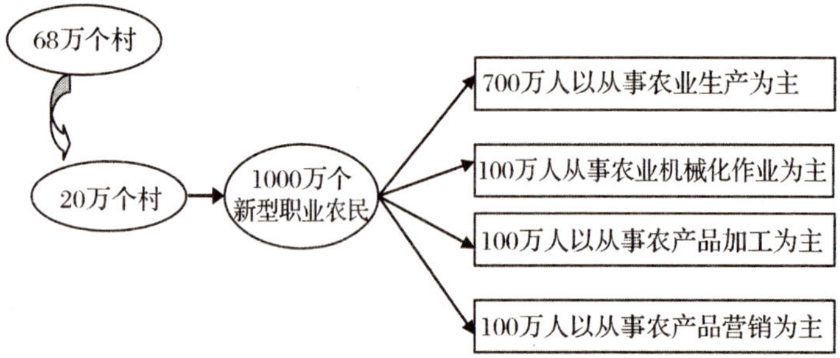

十一五新型农民培训计划示意图

一、培训内容

1. 绿色证书培训

绿色证书工程，是在中国农村确立的“先培训、后上岗”的农民职业技术资格证书制度。这一创举，正使中国农业劳动者逐步摒弃“农业生产几千年，不懂科学也种田”的陈旧观念，逐步确立“接受培训—提高素质—掌握技术—致富奔小康”的现代观念。通过“一业一训”，为农村培养了一大批“有文化、懂技术、善经验、会管理”的专业化生产、产业化经营的骨干农民。

2. 跨世纪青年农民培训工程

农业要在经济全球化竞争下成为胜者，根本出路在于科技、教育，在于劳动者素质的提高，这项工程得到了农业部、财政部、团中央的认可，得以在全国范围内实施推广。温家宝总理在三部委的呈阅件上亲自批示，肯定做法，要求认真组织，抓出成效。跨世纪青年农民培训工程是面向农村青年实施的科技培训工程，以全面提高农村青年的科技文化素质为目的，强化青年农民的创业精神、创新意识和创业技能，培养出了一大批有文化、懂技术、善经验、会管理的跨世纪青年农民，使他们成为科技成果转化为现实生产力的主要承担者，成为农村脱贫致富的带头人。

3. 农村劳动力转移培训阳光工程

开展农村劳动力转移培训，是加快农村劳动力转移、促进农民增收的重要环节，也是提高农民就业能力、增强我国产业竞争力的一项重要的基础性工作。党中央、国务院高度重视农村劳动力转移培训工作，中央农村工作会议、中央人才工作会议和《中共中央、国务院关于促进农民增加收入若干政策的意见》（中发［2004］1号）对做好该工作提出了明确要求；国务院办公厅发的《2003—2010年全国农民工培训规划》，对培训工作作出了具体部署。为贯彻落实党中央、国务院的要求和部署，加强农村劳动力转移培训工作，农业部、财政部、劳动和社会保障部、教育部、科技部、建设部从2004年起，共同组织实施农村劳动力转移培训阳光工程（简称为“阳光工程”）。

阳光工程是由政府公共财政支持，主要在粮食主产地、劳动力主要输出地区、贫困地区和革命老区开展的农村劳动力转移到非农领域就业前的职业技能培训示范项目。按照“政府推动、学校主办、部门监管、农民受益”的原则组织实施。旨在提高农村劳动力素质和就业技能，促进农村劳动力向非农产业和城镇转移，实现稳定就业和增加农民收入，推动城乡经济社会协调发展，加快全面建设小康社会的步伐。

4. 农业中等职业教育

长期以来，我国农村劳动力素质低下、农村职业教育不发达、农民缺乏培训已经成为制约我国农民就业增加收入和农村经济和社会发展的主要因素。根据2006年我国有关统计，2005年我国乡村人员50378.3万人，其中不识字或识字很少占6.87%，小学程度占27.23%，初中程度占52.22%，高中程度占10.25%，中专程度占2.37%。大专及大专以上占1.06%。高中及以上劳动力合计只占农村劳动力总数的13.68%，而有86.32%的农村劳动力受教育都在初中及以下。此外，我国没有接受过技术培训的农村劳动力约占70%。可见，我国没有受过职业教育或培训的低素质农村劳动力还比较多。因此加强农村职业教育和农民培训是适应经济结构转变、促进充分就业的迫切要求，对工业化发展、解决“三农”问题、富民强国具有深远的战略意义。发展农村职业教育及农民培训，是提高我国广大农村劳动力素质的客观需要；发展农村职业教育及农民培训，有利于培育新型农民，促进现代农业的发展和新农村建设；发展农村职业教育及农民培训，也有利于我国第二、三产业发展。

农村职业教育和农民培训是培育新型职业农民的最主要手段。新型农业技术推广、农业机械化程度提高、农业专业化增强都对农民从事农业生产提出了更高的要求，农民已不能简单地依靠传统的农业生产方式，而需要更新知识和技能，推动传统农业向现代农业的转变，所有这些都需要依托经过职业教育和培训的农民来进行。近年来，我国农业职业教育得到了长足的发展，农业职业教育已成为职业教育的一个重要组成部分，初步形成了以高等农业职业教育为龙头，以中等农业职业教育为骨干，以初等农业职业教育为主体的农业职业教育体系，为我国农业和农村经济建设培养了一大批专业技术和管理人才，作出了较大的贡献。

5. 培养高层次农村实用人才

《中共中央国务院关于推进社会主义新农村建设的若干意见》提出了建设社会主义新农村的总体要求，对为何建设新农村，建设什么样的新农村，如何建设新农村提出了明确的要求。在新的形势和任务面前，加强农村高层次管理人才的培训工作就摆在了越来越重要的位置。

培养高层次农村实用人才是建设一支高素质干部队伍的需要。在新的形势任务下，能否建立一支高素质的农业领导干部队伍，关系到“三农”问题的解决，关系到全面建设小康社会的实现，关系到社会主义新农村建设能否少走弯路。通过培训，使农业领导干部能够深刻理解党的路线、方针、政策，掌握建设现代农业的相关理论知识和实践经验，把握现代农业发展的趋势，用政治理论武装自己，用先进的科学技术与管理知识充实自己才能适应时代发展的要求。培养高层次农村实用人才是努力实践科学发展观、全面贯彻落实党的路线方针政策的需要。“建设社会主义新农村要有针对性地加强干部培训，尤其要加强对县乡干部和村级干部的培训，使他们进一步提高认识，坚定信念，明确思路，增强团结带领农民群众建设社会主义新农村的本领。”培养高层次农村实用人才是深化农村改革、努力解决“三农”问题的需要。通过开展对农村高层次管理人才的培训工作，认真研究农村经济社会发展的重点、热点、难点问题，努力探索加快农村经济社会发展的对策和思路，才能不断推进全面建设小康社会和建设和谐社会的进程。

二、培训渠道与方式

1. 选择主导产业明显的专业村，实施整村推进

从事农业生产的农民素质偏低、数量大、要求多，培训将是一项长期的艰巨任务，必须有选择、有步骤地推进。农民从事的产业具有多样性，培训应从当地产业发展的实际需要出发。农民大多数有家庭负担，还要照顾田间地头的生产经营。因此，培训必须选择主导产业明显的专业村、专业农场，以进村入户为主，实施整村推进式培训，才能使务农培训真正开展起来，并在农村扎根。需要指出的是，选择专业村、专业农场，实施整村推进式培训是在现有条件约束下的较好选择，但从长远看，应实现村村培训、人人培训、人人提高。

2. 培训渠道

目前培训渠道主要包括：政府部门举办的农业技术推广机构和职业学校、农业产业化龙头企业、农民专业协会等。目前政府举办的农业技术推广部门、职业学校在农民培训中尚未发挥应有的作用。广西的职业高中课程，100 个专业中只有 4 个农业专业。目前，我国以县、乡为主的农业推广机构有 15.1 万个，技术推广人员 100 万人；全国还有 2000 多所农业技术学校，平均每县一所。进村入户，为农民提供培训，农业技术推广机构和职业学校在技术、人员、地理位置等方面具有不可替代的优势，应注重发挥中等职业类培训资源的重要作用。

3. 发挥农业专业技术协会、农民合作组织的作用

调研发现，骨干农民、核心农户接受培训，他们向一般农民主动传授农业技术的能力较差，甚至有的骨干农民把所学技术垄断封锁起来，根本不让其他农民知道，因此，

要在健全章程的基础上，充分发挥农业专业协会、农民合作组织的作用，让这些组织把骨干农民和一般农民都网罗进来，共享培训资源和成果，实现共同提高，例如：浙江东阳市果树协会在南马镇安恬村建立了400亩集品种示范、技术示范、教育培训为一体的梨果基地，通过现场操作示范。培训农民600人；歌山镇的楼国荣通过协会培训掌握了栽培、管理技术，种植黄花梨1000亩，亩纯收入500多元，成为了当地梨果大户，同时带动了当地果农增收；广西永福县建立了农产品流通、葡萄、罗汉果、柑橘等27个协会，共有会员1804个，所有会员同时又是培训的学员，每月定期集中培训、进行信息交流，达到互相提高的目的。

4. 培训方式

农民培训要充分考虑农民的交通成本、食宿成本和时间成本，要符合农民的要求，要方便农民学习，以提高培训效率。河北省玉田县三个村的农民喜欢的培训方式是现场面授。所占比例为49%，因为现场面授式培训可节省培训的交通成本和时间成本，也增强了实践性；课堂面授与实验结合的培训方式也比较受欢迎，这种方式是理论与实践相结合；课堂面授、观看教学片等培训方式是农民不太喜欢的方式，所占比例分别为4.71%、8.57%。农民培训应该选择农民最需要技术的时间和地点切入，在农忙时间以现场短期面授方式为主，同时考虑到农民各方面的需求和较高层次的培训要求，应采取灵活多样的方式。

三、主要经验

1. 打破传统观念，逐渐明确培训内容

改变过去只注重文化教育、学历教育的观念，选择专业村、种养大户、大工返乡农民等作为培养对象，从技术、经营等方面进行培训，将农民的文化知识教育与职业技能培训结合起来，提高农民的创业能力。

2. 培训与产业相结合，以农民增收为目的

在对从事农业的农民进行培训时，突出优势产业，以培养骨干农民为重点。浙江省安吉县突出笋竹、白茶、畜禽三个主导产业，开展农民科技培训，2008年，据农林部门统计其组织各类农业实用技术培训班136期，培训农民人数7882人次。据悉，安吉县农民收入已连续5年超过全省水平，2008年人均纯收入达到10343元，其中九成来自涉农产业。

3. 以政府为主导，充分发挥市场作用

注重发挥政府在农民培训中的主导作用，制定政策和规划，整合培训资源，加强师资队伍，体现了农民培训工作的政府行为。浙江省大力实施“千万农村劳动力素质培训工程”，保障农民培训工作的有序开展。广西壮族自治区出台了《绿色证书培训十五规划》、《2003—2010年农民培训规划》，全面指导农民培训工作。在发挥政府主导作用的基础上，各地还不断创新模式，吸引了龙头企业、专业合作组织、技术协会等社会力量积极参与农民培训。广西在龙头企业中设置培训班，搭建“公司＋培训班＋农户”的联盟关系。既明确龙头企业对农户的技术培训业务，包括物化技术的供给，又通过技术纽带使企业与农户的合作关系得到维系和巩固。

4. 确定政府牵头部门，相关单位分工协作

浙江省“千万农村劳动力素质培训工程”由省农科教协调领导小组负总责，统筹各方，办公室设在省农办，由

其负责日常工作；省农业厅、劳动和社会保障厅、经贸委、教育厅密切配合，分工负责。2004年浙江省启动“千万工程”，计划到2010年全省培训农村劳动力1000万人。培训有效提高了浙江农民的科学文化素质，实现了“一人就业，全家脱贫”的目标。2009年上半年浙江省农民务工收入增加8亿元。

我国农民素质培训工作虽然取得了一些成绩，但从总体上看，还存在一些问题：一是培训规模小。就全国而言，除了简单的一事一训外，农民真正接受过系统培训的不足10％。玉田县小套村70％以上农民没有参加过培训。二是认识不到位。很多地方对农民科技培训缺乏足够的认识和重视，特别是忽视对留在农村务农农民的培训，对面广量大的这一群体，有畏难情绪。三是投入不足。现在各级财政对农民科技培训投入都不足，中央财政目前在农民科技培训方面也仅有5000万元，浙江、河北、广西三个省、区每年用于农民科技培训的经费也只有二三百万元，工作全面推动难度较大。四是培训模式不适应农民需求。在培训工作上存在重数量、轻质量问题，很多地方仅侧重培训骨干农民，在基层培训工作落实不够，没有整体推进。

建设新农村，农民光会种地不行，还要有文化、懂技术、会经营。以政府为主导的新型职业农民培训中，各级政府结合本地实际情况，灵活多样地培训新型农民。就北京市而言，根据统计，北京市现有农村劳动力178万人，其中未就业劳动力29.6万人。从职业分布看，34％从事一产，64％从事二、三产；从文化素质看，初中以下人员占64％，高中占29.1％，大专以上仅占6.9％；从技能结构看，71.4％的劳动力不具备非农职业技能，而具备高级技能的只占1%左右。农村劳动力文化素质普遍偏低，非农技能匮乏、就业素质不高，综合素质不适应建设新农村的要求，制约了农民参与新农村建设的主体作用。北京市新农村建设领导小组综合办公室将协调33家相关部门和人民团体，利用最受农民欢迎的8种培训模式，打造7类新型农民。在京郊开办了26所农民田间学校，培养农民田间学校辅导员108名，直接培训农民学员近700人。农村19万人次接受了入户指导，户均增收4000多元。获得了良好的反响。

第四节　生动实践中的新型职业农民培育

当前在我国关于新型职业农民的培训，可谓政出多门，有农业部门的培训、有妇联部门的培训、有人事部门的培训、有共青团部门的培训、有扶贫部门的培训、有民政部门的培训，也有高校的培训，还有职业学校的培训等。这些培训对于农民而言，除了书本上的知识理论技能培训之外，讲求实际的农民更喜欢有人能够带头去做，并且能够现场实践。百闻不如一见，千说不如一练。在现实的发展过程中，一些能人、带头人、优秀共产党员、先进党支部等通过各种形式带领广大农民走上了致富道路，这本身为培养新型农民起到了非常好的示范作用，而且其发挥的作用不可替代。

之所以这样说，因为我们当前的关于新型职业农民的培训，多是从书本理论知识出发的，即使有技能或者实践，大多也脱离实际，并没有真正为农民带来实实在在的好处，一方面没有改变“种田不如老子、养猪不如嫂子”的局面，另一方面也没有解决新一代农民“升学无望、就业无门、致富无术”的问题。

“种田不如老子、养猪不如嫂子”，这是对部分当代农民文化、技术、经营等水平低下的一种形象描述。当代部分农民，特别是年轻的一代农民，仅仅从书本上学到了一些知识，一方面没有将这些知识技能应用到实际生产实践之中，另一方面也表明所学的这些知识技能基本脱离实际，对实际的生产并没有多大的用处。事实上，这与当前我国农村职业教育和农民培训有关。

如果我们从统计数据上看，我国农村中接受过职业教育和培训的农民数量大大增加，但实际上农民技能素质还是没有得到切实提高。从劳动力市场看，技工供求矛盾依然突出，许多企业面临技工缺乏的困难，同时一些农民工却不能满足其要求。造成职业农民教育和培训与劳动力市场衔接欠佳的重要原因：一是农业职业教育和农民培训的条件不足、水平落后，教育培训与市场需求不适应。职业教育和农民培训不仅需要理论课程的学习，而且更加重要的是实践能力的培养。而我国农村职业教育和农民培训往往面临培训条件落后、实践设备器材缺乏且陈旧、培训方式跟不上技术更新等问题。同时农村职业教育及培训还存在专业和项目与市场不适应的情况。职业学习在推出适应市场需求的专业方面滞后，一些培训项目跟不上形势需要，从而培养或培训出来的学生不能满足企业的需求。二是一些培训的内容比较简单，且只注重形式和数量，没有注重实际效果。由于受经费和条件的限制，多数培训只能进行一些简单的培训项目，这直接限制了农民接受培训的选择范围和能力的提升。还有一些部门和培训机构没有以提高农民劳动力素质为真正出发点，没有把培训的内容和质量作为重点，使一些培训项目流于形式，相应地经过培训农民的劳动技能也就不能满足市场的需求。

新一代农村青年还存在“升学无望、就业无门、致富无术”的问题。近年来，我国农村存在的高辍学率的问题，之所以出现这样的问题，与我们农村教育脱离实际有密切的关系。农村孩子初中毕业后，多数不能升入高中继续学习，或者终止上学，过早地成为农民或者农民工，或者上职业中学。即使上职业中学，但近年来职业中学不能为学生提供很好的教育，使得多数学生看不到什么发展前途，最终带来的示范效应是更多的初中毕业生干脆放弃上职业中学，导致辍学率升高。农村教育为啥脱离实际？有位专家总结为农村学生“升学无望、就业无门、致富无术”是农村教育的主要症结。究其原因，主要有以下几个方面。

首先，农村教育目标单一。农民普遍认为，上大学是接受教育的唯一目的。在他们心中会有自己的一个“小算盘”，就是经济中常说的“投资收益率”，即上学的成本与未来的收益相比较，如果成本高于收益的话，他们认为上学就不划算了。反之，才会选择上学。现在的高校学费相对农民的收入而言普遍偏高，再加上近几年大学毕业生就业形势严峻，使得农村子女读书的成本加大，而预期收益减少，直接导致了农村父母鼓励子女上学的积极性降低。他们的孩子如果成绩不好，没希望上大学的话，很多人就觉得没有必要上高中；如果不想上高中，那么也就不打算上初三，这样一来初二便成了辍学高峰。初三教学的内容只与升学有关系，脱离实际生活的内容，不会因为多上一年学而给自己的生计带来好处。

其次，农村教育模式缺乏“地方特色”，过分强调与城市教育模式的一致。比如，农村学校与城市学校采取相同的教材、教法、进度，严重脱离农村生产、生活实际。在农村，有些课程的设置，特别是英语和计算机课，在师资和设施的配备上都会存在难度。这些年来，城乡在教育中的差别不是在缩小，而是在扩大。城市学校更多考虑的是教学的现代化、信息化和优质化，而农村学校很多面临的则是教师工资发不出去，学校危房改造不了，学生辍学严重等，他们追求的只能是保工资、保安全、保运转。在农村的课程改革中如果不承认城乡的这种差别，就会出现农村教育脱离实际问题。

再次，目前我国的农村教育还很难适应农民多样化的需求，农村的各类教育资源还远远不够。农村的大多数人是低学历或者目不识丁者，作为父母，他们的言行举止都会直接影响到子女，所以需要对其进行再教育，以提高其素质，达到从根本上废除农村陋习和愚昧观念的目的，让农村整个精神面貌焕然一新。

最后，农村学校的布局不合理。农村生活地点比较分散，农村学校的布局应该同农民生活的地区布局特点相结合。可是一些地区在调整农村学校布局时，盲目集中农村学校，使不同地区、不同群体之间的受教育机会不平衡，使得原本能就近上学的孩子因交通不便等原因纷纷辍学。

既然问题是这样的，怎么解决这个问题呢？培育新型职业农民除了以政府为主导的培训之外，通过现场传帮带的实践，尤其是广大农民中的能人、党员、党支部等直接带领广大农民投入到致富的生动实践活动之中，是培养新型农民的不可缺少的环节，也是受到广大农民普遍欢迎的一种方式。让广大农民亲眼看到、感受到文化、技术、经营、政策、组织、文明素质等在致富活动中的重要作用，这样才能做到让广大农民心服和信服，才能向新型职业农民迈出第一步。何况，一些农民在接受培训过程中，受到现有文化水平以及其他各种条件的影响，无法接受培训，或者即使接受培训，其效果也不尽如人意。前面说现场面授是农民喜欢的培训方式，而且在所有培训方式中所占比例高达49%，很能说明这个问题。当然，现场面授仅仅是学习技能的一种方式，通过潜移默化方式教育广大农民成为新型职业农民，还需要一些能人，特别是劳动模范、先进党员、先进支部长期带领和影响，这是一种行之有效的方法，生动的现实也证明了这点。

一、能人带路奔向致富路

一方水土养一方人，一方水土也总有自己的能人。广大农民在劳动致富过程中，尤其是在比较落后的中西部广大的农村地区，苦于没有人能够带领或者示范给他们怎样才能通过劳动过上好日子。所以，在广大农民朋友眼里，亲眼看到能人做事，比教他们怎样做来得更加直接、快捷。

2006年3月7日，江西赣南信丰县工业园区的一家公司内聚集了省内科技、农业方面的专家、行家，他们正围着一台水果分选机观看。一位年轻人吩咐助手将众多大小不匀的黄澄澄的脐橙倒入机器操作台，短短的几分钟后，这些果子就听话地在电脑操作下分门别类地自动进入了指定的包装框内。这一台每小时可分选出15吨果子的设备引来了人们一片啧啧称赞声。这就是江西省信丰县绿萌农业发展有限公司的新产品水果重量分选机。这一天通过了江西省科技厅委托组织的专家鉴定，鉴定委员会专家一致认为，该产品技术达到国内领先水平。那位主持设备演示的年轻人叫朱壹，刚刚30岁，正是这家公司的掌门人，董事长兼总经理。

热爱农业，好学肯干。1976年4月，朱壹出生在江西信丰县油山镇一个普通中学教师家庭。他的父亲朱清能，原本在油山镇林场职工子弟学校任物理教员。改革开放的年代，信丰农民凭借当地得天独厚的气候和优良的土壤条件，掀起了栽种脐橙的风潮，以至于后来发展成了当地农业的一个主产业。朱清能一开始仅是在自己庭院栽种了几株脐橙玩玩；之后朱壹和他弟弟先后出生后，朱清能萌发出要弃教从农的念头。恰逢那时当地政府出台了鼓励人们承包荒山坡地栽种脐橙的优惠政策。朱清能选中了油山的100亩荒地施行开发。油山海拔1000米，昼夜温差10摄氏度，山顶天然有一个大水面，正好可以调节温度、湿度，十分适合脐橙的栽培。朱清能建起了一个长安园艺场，发展到现在已达到了3000亩的规模，栽种了14万株脐橙。这一片浩瀚的脐橙园加上父辈们日夜艰辛的劳作，每天熏陶、感染着当时的少年朱壹。在漫长的青少年岁月里，他跟父亲学会了果树的栽培、管理，懂得了对土壤的分析和怎样保护植物，成了朱清能的一个好帮手。父辈的创业敬业精神，深深感动了朱壹，以致成了朱壹日后发愤从农、立志做大做强的动力。

他后来到一所中师求学，毕业后他回到了油山镇任教。教师的生活稳定、安逸，朱壹不满足于现状。长安园艺场的几万棵脐橙树对他的诱惑力实在太大，他居然作出了和父亲当年同样的决定，用任教时积攒的薪水跑到省城，要求进江西农业大学园艺专业深造。他带着过去果树栽培中以及企业营销中的种种疑问，刻苦钻研、虚心求教，特别得到农大刘勇教授杂果树古栽培理论以及农业前景方面的悉心指导，这大大增强他从事农业的信心，整整三年果树栽培技术和管理理论的系统学习，为他在随后事业上的成功奠定了一个十分扎实的理论基础。三年后，朱壹从大学学成重新回到了父亲身边，分管园艺场的科研、营销工作。他从此踌躇满志，准备起飞。

敢于创新，做大做强。朱壹在长安园艺场工作时，已经注意到果品的采后商品化处理能够给企业带来不可低估的效益。他认识到国际上水果产出大国，采果后都进行商品化，市场上见不到未见分选的水果。他经手的长安园艺场的果子，很早就和别人不一样。人们可以看到他们出场的果子摆在果箱内个头整齐、重量均匀、干净鲜亮、无一瑕疵。这在盛产脐橙的赣南，内在质量大家都能做到相差无几，可就在外包装上他们却是做到了首屈一指，北京、上海、东南亚等顾客都盛赞他们的脐橙可以与进口橙媲美。长安园艺场 1998 年从韩国购进的一台每小时选 2 吨果子的设备，每逢收获季节，工人们通宵达旦地守候在机器边等待那漫长的选果过程。长安的果子虽然供不应求，但是朱壹看到选果机的这种不适应现状，内心焦虑万分，他决心要来一番改变。

2001 年，朱壹和弟弟朱二到韩国自费学习果蔬分选机新知识和技术。之后，朱二专门在韩国学技术两年。韩国成熟的农业合作组织、科学合理的栽培模式，以及先进的采后处理水平，使他眼界大开，深受启发。他看到我国不少水果的栽种面积和产量都居世界第一，水果产量占世界

1/3，但水果商品化包装销售不到世界总量的1%。这不正说明脐橙产业蕴藏着巨大的商机吗？赣南具有特别适宜脐橙生产的气候、土壤条件，果子汁多味浓，产量高，如果在科学栽培的同时，采用先进的采后处理，就可能使这个地区成为世界脐橙名特优产区，成为吸引国际商贾云集的宝地。中国果品要发展，重要的是采后处理水平提高。

2001年8月，他从父亲办的长安园艺场脱离出来，独立注册成立了江西信丰绿萌农业发展有限公司，从事水果产后商品化处理和脐橙的营销。同年12月，他在韩国购进了一台先进的水果打蜡分选设备；2002年又送朱二到韩国学习机械设计，主攻水果打蜡分选设备的设计和制造。朱二一回国，朱壹带领一批技术骨干研发具有国际领先水平且适合中国国情的崭新的水果分选机器。2003年9月，中国第一台高速电脑果蔬分选机成功诞生（即本文开头所说的那台），分选速度为15吨/小时，准确率达±2克；年处理能力可达3万～4万吨。该设备对果蔬无伤害，经长时间运行、观察，反复测试，技术性能达到了国内同行业的领先水平，被专家列为国家重点新产品，绿萌的新产品制造成本只有国际上同类产品的1/3，价格又比国外同类的低很多。它将成为我国目前主流的水果分选机，在国外市场也将有广阔的前景。

每年一到脐橙采摘季节，各地销售商来信丰络绎不绝，一方面公司的果子供不应求；另一方面一些个体果农因为做不到采后商品化，又没有供应渠道，经常卖不出一个好价钱，甚至还眼巴巴地看着自己辛苦了一年采下的果子大面积地腐烂、糟蹋，到头来仍然摆脱不了贫困的境遇。看到这一切，朱壹深感不安。他看到农户个人要将果品营销做大做强，确实不可能，农产品的营销需要靠公司、靠企业才能做大做强。他意识到自己具备这种责任，也有能力去做好。

2003 年，绿萌农业发展有限公司购买信丰县城工业园土地 54 亩，建设车间、仓储面积 4000 平方米，办公面积 300 平方米，建起了新厂房。他团结组织专业技术人员在这片广阔的土地大展宏图。他在公司内成立信息部，为农民提供免费信息服务。近年来日益增多的果农把果子送到朱壹这儿来，通过公司的分选处理，按级论价，公平交易。这样果农与客商双方成本都降低了，果农再不愁果子卖不出去，纷纷称道绿萌公司好。2005 年绿萌公司脐橙交易量达到 7000 吨，利润 200 万元。当年还消耗人力 180 多人。

崇尚科学，诚信待人。朱壹在长安园艺场工作时，就致力于科学栽培果树。他倡导仿生态栽培技术，致力于脐橙无公害绿色食品生产。他邀请江西农大，省农科院专家、教授一起开展“脐橙病虫害综合防治”、“生态果园的建设”等课题研究，为长安园艺场带来了显著的经济效益。朱壹的仿生态栽培，是指模拟大自然生态环境，即果园栽培环境像大自然一样有多种生物——地上有草、寄生虫、果树、防护林等，而不是大面积单一的果树。这样可以形成一个较好的生态环境，培养很多的有害生物的天敌，增强土壤的保肥、保水能力和果树的抗病虫能力。他竭力减少化肥、农药的施用，改善果品品质，把害虫控制在不危害的水平，禁止使用高毒、高残留、有致畸致癌致突变的药剂，生产出绿色食品。

他在创办绿萌公司后同样尊重科技、尊重人才。他在公司主持全局，侧重营销，弟弟朱二侧重科研开发，多少年来两人一直配合默契，被人称为“珠联璧合”的一对兄弟。他的经营科研团队，精悍能干。他经常以事业鼓励人，以待遇留住人。使公司的核心团队多年来精诚合作，永不停歇。每到年终，他都亲自开车将身边的爱将送回各自远方的故乡，让他们过上一个团圆年。

朱壹对客户也是一贯把诚信放在第一位。多年来，由于坚守果品质量第一，绿萌公司已在北京、上海、广州、香港等大型超市获得了稳定的销售市场。为推动果品采后商业处理，多年来，我国的水果主产地——生产苹果的陕西、甘肃、山东、辽宁、河北，盛产鸭梨的新疆、河北及柑橘、脐橙的主产地四川、湖北、江西，以及福建、广东、广西、云南等水果产销集中的地方，几乎都留下了朱壹辛勤的足迹。由于他的信念和毅力、诚信和勤奋，使得国内60多家左右的水果经销商表示了购买水果分选机的意向。2003年以来，朱壹已将5台水果分选机样机供国内有关单位试用，均得到高度肯定。

现在，朱壹在公司内准备做三件事情：第一件事，他要使公司的每年果品采后商品化处理量达到6000吨以上；第二件事，建立一个5000平方米、贸易量达2000吨的交易市场；第三件事，他要在公司内建一个1500平方米的催熟房和2500平方米的自然通风库（2007年建成冷库）。他向同仁们许愿：安心在绿萌奋斗吧，他要在近几年内让他们在县城拥有自己的住房，开着自己的车来公司上班。

二、优秀支部书记带领农民共奔致富路

说到山东的农业特色，人们总会想到大棚蔬菜。而说到大棚蔬菜，又不能不提到寿光，不能不提到三元朱村，

不能不提到以村官王乐义名字命名的“乐义”牌蔬菜。就是这样一个“小小”的村官所摆弄的“小”蔬菜，让三元朱村走上了富裕之路，让三元朱村成了闻名遐迩的名村，而带领三元朱村群众用小蔬菜做出致富大文章的村官王乐义，也成了共产党员的先进典范。

村官受“追捧”，品牌名中外。2005 年 4 月 7 日下午，王乐义这个中国最基层的村党支部书记在家门口受到了中共中央总书记胡锦涛同志的亲切看望，胡书记称赞他把科学技术得到充分的利用和发展，是带领中国农民靠科技致富的功臣。并握住他的手郑重嘱咐：你要把大棚技术一如既往地向贫困地区传播，让贫困地区的农民增收，没有他们的小康就没有全国的小康。

2006 年年初，王乐义被中宣部、中央先进性教育活动办公室定为全国重大典型，在春节前进行了集中宣传。1 月 8 日下午，由中宣部、中央先进性教育活动办公室组织的中央新闻采访团一行 24 人及省、市两级媒体记者齐聚寿光，开始对王乐义先进事迹进行为期 4 天大集中采访。随后，中央电视台、《人民日报》、《光明日报》、《经济日报》等重要媒体都用了不同的篇幅对三元朱村进行了报道。新华网、人民网等中央主要网络媒体在转载新华社通稿和其他报刊新闻稿的同时，通过座谈、对话、网上论坛等多种形式开展同步宣传。

2006 年 2 月 17 日，中宣部、农业部、山东省委联合组织的王乐义先进事迹报告团在北京人民大会堂举行了首场报告会。国务院副总理回良玉在报告会前亲切会见了王乐义和报告团全体成员，并指出王乐义是新时期基层党员干部的突出代表，号召广大党员干部特别是农村党员向王乐义学习。

一个小村庄，何以扬名海内外？一个最基层的村党支部书记，何以得到总书记的接见？何以赢得总书记的赞誉？又何以得到全国权威媒体的竞相“追捧”？

在揭晓答案之前让我们先来看看三元朱村，王乐义生活工作的那片土地。三元朱村，位于山东省寿光市，在1978年的时候，那还是一片贫瘠的土地，种菜菜不长，种粮粮不收，村民连肚子也吃不饱。也就是在这一年9月，王乐义被推选为该村的党支部书记，开始带领三元朱村走向了共同致富的道路。

2001年，三元朱村的300亩大棚被农业部授予国内首批“无农药放心菜生产基地”，三元朱村所在的寿光市也成了全国有名的蔬菜之乡。

今天，当你在北京、上海、济南、烟台等大中城市的“乐义”蔬菜专柜挑选他们蔬菜的时候，当你远在蒙古、俄罗斯、日本和中国香港等国家或地区看到熟悉的蔬菜的时候，看到这些嫩绿的黄瓜、鲜艳的彩椒、紫亮的茄子……你一定无法想象那是由普通的一个村支书记和他所带领的普通村民所创造的。三元朱村试验和推广了大棚滴灌、生物病虫害防治、无土栽培等种植技术20多项，引进国内外名优新品种320多个，促进了农民增收致富。三元朱村2008年集体经济总收入达3885万元，村民存款余额达2460万元。2008年，三元朱村农民人均纯收入达11300元，高出全市平均水平近48%。蔬菜种植让农民发了家。三元朱村先后投资200万元办起实验小学，投资150万元建起幼儿园，为周围十几个村庄的孩子提供了现代化就学条件；投资5600多万元实施了旧村改造；投资30万元建设了村级卫生医疗室，按每人每年150元的标准，由村集体出资为村民办理了新型农村合作医疗保险。还按每人每月100元的标准，为60岁以上老人发放养老补贴，定期组织外出旅游，真正实现了老有所养、病有所医。

王乐义这个普通的农村基层干部，不仅成为一个著名的蔬菜品牌，同时也成为菜农们共同的财富。他创造了蔬菜种植的奇迹，也真正体现了共产党员的先进性。

忽如一夜春雨来，千棚万棚立田野。1978年王乐义上任后，带领着新成立的班子成员围着三个埠子岭转了一圈，制定了他的第一个发展规划："东岭苹果西岭桃。南岭山楂带葡萄。"随后带领干部群众苦战了三个春秋，使三个埠子岭都披上了绿装，飘出了果香。到1988年，全村已发展果园430亩。昔日光秃秃的埠子岭成了"花果山"、"聚宝盆"，满山遍野的果树成了"摇钱树"。全村人均纯收入由原来的几十元增长到200元，彻底解决了农民的温饱问题。

温饱问题解决了，但王乐义并没有满足。他意识到，要想让农民收入不断上台阶，还得围绕土地做文章，让土地生金！1988年腊月二十八，王乐义的堂弟王新民从大连带回来1公斤顶花带刺的鲜黄瓜，寒冬腊月这几根水灵灵的黄瓜让王乐义眼睛一亮，并给了他重要的启示：这不正是一条致富的好门路吗！春节刚过，他就带上了干粮直接上门到了辽宁省瓦房店市取经。第一次去，吃了闭门羹；第二次去，人家还是不松口。王乐义就是不"死心"，刚出正月，他又第三次来到那个小山村。王乐义一心为民的执著之情终于打动了对方，破例把技术教给了他。就这样，王乐义冒着严寒，废寝忘食，苦学一个月，终于掌握了这门新技术。

学成归来，王乐义根据本村的自然生产条件反复试验，不仅熟练掌握了大棚技术，而且对大棚从方位、墙体、棚顶结构、大棚骨架、覆盖薄膜5个方面进行了大胆改革，终于建成了深冬不需加温的冬暖式蔬菜大棚。1989年8月，王乐义决定上实体大棚，可是无论他怎么做工作，就是没人愿意建。因为建一个大棚需要万余元，对刚刚解决温饱问题的村民来说，拿出这么多钱就比较困难，更何况还是头一次搞，风险相当大，一不小心就又回到了起点。但王乐义认为，这把帮助群众致富“金钥匙”不能丢，做事情缩头缩尾的话就不可能向前迈进，永远不可能走真正富裕的道路，于是他号召全村17名党员干部先打头一炮。看个别党员干部信心不足，王乐义便耐心细致地做工作。在他的说服下，17个大棚很快建起来。8月建棚，10月播种，12月底鲜嫩的黄瓜就上了市！到第二年5月初，17个蔬菜大棚最低的收入2.07万元，最高的收入3.03万元。以前全村没有一个万元户，这次一下冒出了17个！村民们眼热了，心动了，纷纷要求建大棚。第二年，全村大棚一下子发展到144个，当年户均增收1万多元。

冬暖式大棚的成功，使三元朱村人尝到了甜头，随后冬暖式大棚首先在寿光大面积推广应用。王乐义担任大棚蔬菜生产的“总指导”，开始奔忙于祖国大地，推广大棚蔬菜技术。他的名字也很快传遍了大江南北，来参观的人络绎不绝。但是王乐义并没有停止前进的脚步。

1990年年底，一位国家领导人视察完三元朱村的大棚蔬菜后，对王乐义说：“你们靠科技取得了很好的效益，要在这个基础上再进一步，向无公害蔬菜发展，争取蔬菜出口……”啥是无公害蔬菜，王乐义不懂。于是他找县委书记问，县委书记也只是告诉他“专家”懂。于是，王乐义又找到山东省蔬菜研究所，研究所也没有这方面的研究项目，只能浅显易懂地告知什么是无公害蔬菜，无公害蔬菜的价值和重要意义，这更坚定了他培育无公害蔬菜的决心。于是，他又辗转西安、北京，追访到了无公害蔬菜权威专家王宪彬。王教授听完了他的自我介绍，尤其是得知他居然还身患过癌症之后，非常感动。从此，这一“土”一“洋”两位视事业如生命的人物，因“无公害”蔬菜，结下不解之缘。

在王宪彬教授的悉心指导下，忽如一夜春雨来，千棚万棚立在了三元朱村的田野。寿光全市从1993年年初的5万亩无公害蔬菜种植，猛增到1995年的20万亩。这一年，他们到北京人民大会堂举行了优质蔬菜新闻发布会，建起了寿光到北京的优质蔬菜“绿色通道”。之后，三元朱村的300亩大棚被农业部授予国内首批“无农药放心菜生产基地”，他们的菜摆进了北京的大型超市。王乐义发明推广的冬暖式日光蔬菜大棚技术，不仅使三元朱村一举成为全国闻名的小康村，而且随着大棚在各地雨后春笋般的发展，即便在冬天，西红柿、黄瓜、茄子也成为家常菜，在中国北方地区引发了一场“菜篮子革命”。

立足科技创新，推动“绿色”致富。三元朱村在短短的几年里，就创造了大棚蔬菜的发展奇迹，归功于他们的“四大法宝”中第一大法宝：有一个好带头人。

三元朱村的好带头人，就是村党支部书记王乐义。王乐义在担任村党支部书记后，凭着对党的无限忠诚，对群众的无比热爱，对事业的执著追求。在平凡的岗位上干出了极不平凡的业绩，为建设现代农业，改变农村面貌，带领农民致富作出了贡献。

1996年，人民大会堂里王乐义接过了1万元的“农业奖励金”。拿到钱，王乐义先到农科院买了3800多元的新种子。回家路上，偶然得知天津有一项无土栽培芽菜的新技术，王乐义就在天津下了车，问清情况后，急匆匆回到村里，领上村里的技术员返回天津学习。交学费，买材料、种子，再加上请技术员，1万元奖金只剩下不足3元。回到家里，老伴问他：“这次到北京领了啥?”王乐义有些尴尬地笑了，黑黑的脸膛也有些不好意思起来，说：“领了1万块钱，花了。”

这些年来王乐义到底获了多少次奖，领了多少奖金，王乐义说不清楚；他的老伴同样也说不清楚，因为王乐义从来没给家里拿过一分钱。有时，村里种菜搞试验，王乐义就是用自己的钱。他笑呵呵地解释：“反正我的钱用了就是用了，自己没意见别人就没有意见，花着心里踏实。”

而更让村民震惊的是，2004年王乐义在乡亲面前明确表态，用“乐义”注册商标分红的钱全部交给村集体，自己一分钱不要。要知道，使用“乐义”商标的公司有10多家，其中包括一个绿色食品蔬菜项目，一个过亿元的复合肥产品项目。专家估算，“乐义”商标的品牌价值超过亿元。如果收入归个人，过不了几年，王乐义就成了大富翁。

除此之外，王乐义还把自己的技术无偿传授给各地。他深知：“一村一镇富了不算富，全国的农民兄弟都富了才是真的富，搞技术封锁不是共产党员的品格。”王乐义就任寿光市冬暖式大棚推广小组技术总指挥的一年中，他跑了足足有4万多公里，有时一天要跑11个乡镇30多个村。县里配的吉普车成了王乐义的“家”：困了，车上打个盹就算睡觉了；饿了，吃点面包香肠就是一顿饭。

在他的带领下，三元朱村富了，寿光市也盛名在外。然而他并没有满足，为全国农民发家致富摸索出一条路子来，让外省市的农民兄弟也掌握冬暖式蔬菜大棚技术，成了他更大的追求。于是他开始到各地免费讲授冬暖式蔬菜大棚技术。1994 年，他应邀到延安讲课，当晚就发起高烧，吊瓶一直打到凌晨 1 点多。当地同志怕他吃不消，要取消第二天的课。王乐义知道当地的交通不方便，有些参加会议的人员必须提前两天出发后，坚持要带病讲课："1000 多人翻山越岭都来了，不讲怎么行？一定要讲，不能耽误那么多人的时间。"第二天，他从 9 点开始一直讲到下午 1 点半，讲完最后一句话，台下哗哗地鼓掌，而他却晕倒在讲台上。

延安农民的生活还不富裕，这种现状深深地刺痛了王乐义的心。讲课回来，王乐义又派出技术能手，带着 6000 多元的蔬菜种子和大棚材料去了延安。后来，他又陆续增派技术员，源源不断地把新技术、新产品送过去。几年间，延安地区的大棚蔬菜迅速发展成规模。

王乐义不仅自己到全国各地去讲课，还动员村里的技术员也出去讲课。在他的带领下，从 1990 年开始，一批又一批技术员的足迹遍布大江南北。时至今日，三元朱村还有 140 多名技术员常年奔波在外，传艺授徒；27 人被外地聘为科技副乡镇长，3 人被聘为科技副县长。

王乐义兄弟姐妹 7 人，除他是农民外，其他 6 人都是爱岗敬业、有作为的国家干部。有些老领导不止一次地提出要为他转干，让他进城，他都推了回去。当年冬暖式大棚在寿光全县推广成功之后，县委研究决定让他出任正科级的蔬菜办公室主任，他婉言谢绝，说："搞技术推广是我的责任。我不是当官的料，再说，我也离不开三元朱村，能把村官当好就不错。"

"生活上最低要求，工作上最高标准。共产党员如何永葆先进性，王乐义是面镜子。"山东省委书记张高丽对王乐义如是评价。在 2006 年的 3 月 1 日的新闻发布会上，中央电视台记者问："现在许多农民都知道三元朱村和'乐义'牌蔬菜。那么取得这样的成绩，依靠的是什么?"王乐义说："三元朱村和'乐义'品牌是靠中央，靠党的政策受益的，农民的农业税、畜牧税免掉，而且种地补钱，自古以来就没有这么好的政策。另一方面依靠上级党委和政府的扶持、帮助和我们党支部、党员发挥先锋模范作用。'乐义'这个品牌不是我自己的，为什么？因为我是一名共产党员，以服务群众为目的，品牌产生的全部效益都回报给了乡亲们。"

第二大法宝：坚持科技创新。从第一代大棚是用土垒的，档次低，面积小，效益差；到第二代大棚用砖砌成，空间大，最大限度利用了土地，农民增收快；再到现在是第三代大棚，中间没有立柱，便于机械化作业，还推行了节水灌溉，效益很高。王乐义一直带领着他的村民走在科技创新的路上，正因为有了科技创新，他们才能紧跟时代的步伐，向前不停地迈进。

多年来，王乐义创新的脚步一刻也没有停止。村里先后同中国农科院、山东农业大学等 17 个科研单位和大专院校挂钩，长期聘请 9 名专家教授做顾问，进行新品种、新技术的试验开发。气体施肥、立体种植等 130 多项新技术相继研发成功，太空椒、黑宝石李子等 320 多个名优菜果品种迅速推广种植。

现在，由他牵头的鲁光农业科技培训中心即将在新疆、贵州等地开办，西部农民不用大老远跑过来，就能学到先进、实用的蔬菜种植技术。即将落成的国际农业科技培训中心又是王乐义的得意一笔，在那里，农民不出国门，就能学到最先进的农业技术。从那里走出去的农民不再是技术员，而是与国际接轨的农业专家。

第三大法宝："绿色革命"。在人民物质生活水平不断提高的今天，人们更关心的往往是产品的质量，因此一种完全按标准化生产的"绿色"蔬菜才是真正适应时代潮流的。如果把一开始的大棚种植称之为蔬菜的"白色革命"的话，那么这一次可以说是一次"绿色革命"。

按照一项项的技术参数，王乐义和专家们开始了严格的前期实验，为了选准蔬菜品种，他把自己的果园当成了试验田，从外面带来的蔬菜种子先让老伴试种，成功了传授给大家，失败了自己承担。经过不断地努力，终于做到了无公害蔬菜的"三个不超标"：一是农药残留不超标，不能含有禁用的高毒农药，其他农药残留不超过允许量；二是硝酸盐含量不超标，食用蔬菜中硝酸盐含量不超过标准允许量，一般在432PPM以下；三是"三废"等有害物质不超标，无公害蔬菜的"三废"和病原微生物等有害物质含量不超过规定允许量。真正集安全、优质、营养于一体。

"经济发展，不是比个头，比数量，关键要看质量。种菜也要有科学发展观，要种老百姓放心的菜。"这是王乐义始终坚持种绿色菜的理念。

第四大法宝：小蔬菜创大品牌。面对日益激烈的市场竞争，王乐义带领全村率先走上了农业产业化之路。1998

年，三元朱村与哈慈集团合作建成SOD西红柿、太空椒为主的大棚保健菜实验基地并获得成功，填补了国内市场的空白。在村里成立了专门搞蔬菜加工、营销的公司同时，在2001年与北京德农有限公司联合投资5000万元建起了寿光市德农三元绿色农业有限公司，注册了“乐义”牌蔬菜商标，采取“公司连基地，基地带农户”的模式，大力推行标准化生产，以三元朱村为中心，建立起大规模的无公害蔬菜、瓜果生产基地，瓜菜优良品种展示基地及瓜菜出口创汇基地，发展起无公害蔬菜基地5000亩，建设了有机质无土栽培大棚2000亩，产品远销到俄罗斯、蒙古、日本和中国香港等国家和地区，并在北京、上海、济南、烟台等大中城市设立了“乐义”蔬菜专柜。

如今，寿光成了全国有名的蔬菜之乡，拥有大棚35万个，蔬菜种植面积80万亩。寿光蔬菜批发市场年交易量达25亿公斤，位居全国第一。

新时期里新规划，三元朱村新发展。党的十六届五中全会把建设社会主义新农村摆在了十分重要的位置。国家这个大家有“十一五”规划，三元朱村也有他们的“十一五”规划。

现在三元朱村的村庄布局是1988年规划的，已明显滞后。王乐义认为村子富了，但是农民也不能再当土财主，里里外外要有个文明生态样。因此专门从省城请来规划专家，设计了新村蓝图。按照规划，新村建设预计总投资9533万元，其中建216幢高标准楼房，硬化路面7.7万平方米，绿化面积近1.4万平方米，还修排水管道、供水设施、电力设施及安装路灯279盏等。注重公益事业建设，新建幼儿园、老年公寓、农民活动中心、国际农业科技培训中心；改造了小学，增建15间教室，21间阶梯教室。在2010年以前，所有的蓝图都将从纸上落实在地上，以实现三元朱村的“十一五”规划。而作为三元朱村发展支柱的德农三元绿色有限公司，哈慈集团农业科技示范基地也在他们的“绿色”品牌化道路上不断前进。王乐义明白，只有真正做到经济效益、社会效益和环境效益的和谐发展，企业才能长足的发展；只有树立起大的品牌意识，企业才能在激烈的市场竞争中立于不败之地。

就这样，一个普普通通的中国农民，用勤劳的双手，掌握着科学的锄把，不停耕耘着他挚爱的土地，带领着和他一起生活的百姓，书写着一次又一次的传奇……

三、优秀共产党员带领农民创业绩

在带领农民通过学习文化技术，让农民朋友过上好日子的过程中，优秀的共产党员发挥了积极带头作用。这些优秀党员，有的本来就是土生土长的本地党员，也有从工作岗位上退下来，帮助农民致富的老同志。这些优秀共产党员的行动，无疑对培育新型职业农民开辟了一条新的途径。优秀党员徐万年、武汉鼎事迹有力地证明了这点。

根据翁贞林等提供的关于新型职业农民典型代表徐万年，就是这方面生动事例之一。1994年，江西省九江市修水县徐万年怀着满腔的创业激情，他自筹资金10万元，在修水县东津老街旁办了一个鱼种场。从此，他走上了一条艰难的创业之路。

创业初期举步维艰。鱼种场办起来了，徐万年起早摸黑，观察鱼苗生长状况，配制饲料，联系业务，所有事务都是自己忙碌。可是由于品种单一和市场相对狭小，鱼种场一直亏本，到1997年，连年亏损10多万元。起步的不顺并没有磨损徐万年坚定的意志。1998年徐万年开始综合养殖，投资20万元，增加了猪、鸡、鸭三个项目。可在这年，徐万年又面临着更大的困境，因技术问题，禽病难以控制，鸡鸭成活率极低；市场难打开，销量不好；经营不成规模，资金周转困难，难以发展。这一年，仅鱼种场一项就亏损3万元，此时的徐万年已背负着30多万元的债务。徐万年面临着前所未有的压力。有人劝徐万年，放弃算了吧，可他说，再苦再累也要坚持，就是死也要倒在鱼种场。

为了这份事业，徐万年至今都觉得愧对自己的儿子。因鱼种场经营艰难，儿子从部队转业后，原本找到一份满意的工作，有更好的前途，可徐万年提出要儿子做自己的帮手，懂事的儿子觉得父亲实在太辛苦，也就留在鱼种场，做了父亲的助手。

科技攻关粗具规模。1999年，徐万年一边苦心经营，一边潜心钻研。几年的跌跌撞撞使他渐渐摸索出一些经验；要技术过关，须科技攻关。他采取“请进来，走出去”的办法，一方面请技术员到鱼种场处理日常的技术问题，另一方面自己收集平常遇到的技术难题，拿到全国各地农科院寻求解答，他先后到过南昌农科院、上海农科院、浙江农科院、北京农科院，向有关专家、教授请教，有时为了见到一位教授甚至要等上几天。1999年深冬，为了寻找一种特别需要的防疫疫苗，他辗转几个城市，经人介绍得知在福建莆田市可以找到，他不顾旅途劳顿，连夜赶往莆田，时值新年的钟声刚刚敲响。那次虽然没能和家人一起欢度元旦。可徐万年心里却异常兴奋。

“保健”本是人类专用词，徐万年逐步掌握了一套防疫保健技术。他认为，“防疫”保证了养殖的生存，“保健”保证了养殖的发展。现在因防疫工作做好了，猪的成活率可达100%，鸡和鸭的成活率可达98%以上。

为更好地改良品种，2000年，徐万年从北京华都养殖公司引进一种优良的瘦肉型长大母猪，这种母猪产仔品质高，成为公司重点品种。为提高产量，他还亲自配制饲料。技术问题解决了，发展就迅速起来，至2004年，达到年饲养母猪200头，年出栏肥猪2000头，年产瘦肉型仔猪5000头，饲养成鸡2万羽，成鸭2万羽，年孵化鸡苗10万羽，鸭苗10万羽，年产鱼苗冬片10万尾，水花2000万尾。预计仅猪一项就可收入150多万元，年总收入可达300万元。徐万年终于成功了。他凭着骨子里的坚韧和吃苦耐劳的精神，历经坎坷，走出了一条艰难的创业之路。他说，路是人走出来的，是一种精神一直在支撑着自己。

苦尽甘来惠泽乡民。成功后的徐万年没有忘记自己是一个共产党员。自己富了，希望乡亲们跟着富裕。这几年，他总是低价为乡亲们提供仔猪、鸡苗、鸭苗，并当起“义务保健员”。每当乡亲来选购仔猪、鸡苗时，徐万年总是耐心细致地给他们讲解要注意的问题。2009年，县农业局开发办举办养猪技术培训班，特邀他授课，他毫无保留地为各地饲养人员传授自己的经验。每年他还要拿出1万多元给公司所在地东津村，支援该村的水利建设。山口段村一村民，因家庭欠债近两万元，来给徐万年做工，徐万年一次性帮他还清所有债务。

徐万年终于苦尽甘来，他的事业蒸蒸日上。他的鱼种场也正式更名为万年综合养殖有限公司。徐万年坚持按自己的路走下去，经营中始终坚持“信誉第一”的理念，赢得客户的信任。如今，他的公司享誉全县及周边县市。他本人也获得了县委、县政府授予的“优秀共产党员”、“养殖状元”等荣誉称号。2005 年 7 月，又被评为“市优秀共产党员”。2006 年当选为九江市人大代表，2008 年当选为全市“光彩之星”和全省金融十佳“守信标兵”。

优秀共产党员武汉鼎为农民做的每一件实事，不仅帮助解决了农民眼前之急，同时给农民带来了致富技术。“百姓利益无小事，农民养育了我，我永远报答不完养育我的父老乡亲。我虽然退休了，也要继续为他们做些实事。”这是内蒙古自治区呼和浩特市清水河县武汉鼎经常说的一句话。

据《农民日报》记者蒋建科的报道，1992 年，武汉鼎退休了。论贡献，他完全可以享受退休后的清闲生活。但乐于助人的武汉鼎闲不下来，他在扶持暖水湾村的基础和经验上，把目光瞄向了老牛坡村。

1997 年腊月二十六，天寒地冻。别人都在忙忙碌碌办年货，武汉鼎却背起袋子，提着纸箱，来到了老牛坡村。春节期间，他走访了全村 70 多户中的 50 多户农民，同他们一起探讨科技扶贫的办法和思路，潘山老汉听后竖起大拇指夸赞道：“老武在炕桌上有致富思路，刀尖上能选种，针尖上带科技。”

科技扶贫是一个系统工程，个人的力量毕竟有限，要动员更多的人参与进来。从 1994 年起，根据农民实际需求，他四处奔走，请来内蒙古农牧大学的 30 多位专家、教授和数百名参加暑期社会实践的大学生，坚持每年开展“三下乡”活动，一起帮助农民解决生产实际问题。

大阳坪村有70多户300多口人，通电需要5万元，村民拿不出，武汉鼎一趟一趟往有关部门跑，经过努力，县里决定减免大部分费用给村里通电。解决了电的问题，吃水还要到10里外的渗水井去打水。武汉鼎为此费了不少心思，他发现村后有一口据说打不出水的废弃井，武汉鼎如获至宝，跑到市里有关部门查阅资料，托人请来打井队，百十米打下去后，村民们做梦也不敢想的自来水流进了家。后来水泵坏了，武汉鼎又自己掏腰包3000元给修理好了。

武汉鼎深知，扶贫要先治愚。因此，他特别重视对下一代的教育。大阳坪村武忠维有3个孩子上学，一个季度需要500多元学费，连化肥都买不起的武忠维打算让念完初中的大儿子外出打工，武汉鼎知道后对武忠维坚决地说："用多少钱我来拿，一定要让孩子念书!""他光是帮助我孩子念书就拿了6000多元啊！要不是老武帮助，我家哪能出两个大学生，老武对我们真是恩重如山啊!"武忠维的眼里闪着泪花。

他多年坚持拿出自己每月2500元退休金的1/3用来扶贫帮困，帮扶学生及孤老病残有100多人。

作为一名老党员，武汉鼎一直牵挂基层党支部的建设。他把科技扶贫与党建工作紧密结合，积极协助帮扶村支部配强班子、找准路子，通过实行"支部＋协会"的模式，努力帮扶年轻、有文化、有头脑的人致富，加入党组织。近两年，他先后协助发展了7名共产党员。为了帮助农民兄弟提高科技素养，他送去科技资料1万余份，举办培训班30多期，参加人数达5000多人次，自费为农民订阅《农民日报》、《内蒙古科技报》等报刊10多种。

武汉鼎还自觉地承担起党的政策宣传员、民事调解员、农畜产品推销员、实用技术推广员、兽医防疫员、农业信息员等农业生产“六大员”的职责，全方位帮扶每一个需要帮助的人。

50年来，武汉鼎扎根山区，一心为民服务，先后获得农业部科技进步三等奖等国家部委、自治区、盟市旗县的表彰奖励70多次。武汉鼎还被评为“全国百名道德模范”，被呼和浩特市评为“保持共产党员先进性教育活动”典型和“深入学习实践科学发展观活动”典型。

四、劳动模范开拓致富路

培育新型职业农民的途径千万条，劳动模范的示范效应是其中行之有效的一条。能够当上劳动模范的农民，他们必然有自己的绝招，比如农业种植养殖技术、文化科技知识、市场经营能力、经济组织管理能力，甚至平凡朴实的做人方法都是自己获得这项殊荣的基本条件。而这些绝招恰恰给广大农民朋友能够指出一条通向致富的道路。

根据翁贞林等提供的关于新型职业农民典型代表余盈健，就是其中一个非常好的事例。余盈健是江西九江市人大代表，也是省、市两级劳动模范。中等身材，脸色黑黝黝的，也许是过于操劳的缘故，看上去比实际年龄要大得多。1986年，他向银行贷款7000元，在集镇上开了一家五金交电批发部，当年他只有21岁。提起做生意那段时光，余盈健喜滋滋地说：“那时候，几天销一车电视机，一台电视机又可挣100多元，一个月下来，还清了7000元贷款还结余不少。”

尝到了改革开放甜头的余盈健，1993年把目光投向农业发展。当地有一块地，多年荒芜，无人管理。余盈健找到梁口村村主任，把自己想发展果园，并养鸡、鸭的想法告诉他。在取得村里同意后，余盈健便以每年上交 6500 元的方式租赁 6～9 公顷荒地开发果园，租赁期为 30 年，果园受益是一个漫长的过程，前 5 年都是投入阶段，租赁合同一签，余盈健便请人整地、分块，并买来 17000 棵果树苗种下，请专人看管。而他自己依旧在镇上做生意。几年时间过去了，看着自家的果树从小树苗逐渐长成大树开始结果，心里有说不出的高兴。

1996 年，余盈健了解到修水县市场上的鸡、鸭的需求量很大，而修水县的鸡、鸭大多数是从湖南调进，当地农民养的只能自给自足。他便放弃做生意，全身心地投入到发展种养业中，当年余盈健养鸡 7000 只，养鸭 400 羽，猪 100 多头。种果树、养鸡、养鸭、养猪，对于余盈健来说都是第一次，没有经验，需要不断地看书学习，他只好经常去新华书店买书自学。同时，在种养实践中注意观察，仔细琢磨，每天 5 点钟起床便到果园里观察树叶叶片是否出现白斑；打开鸡笼，看鸡拉的粪便，从粪便的颜色及时发现情况，对症下药，如碰到什么异常情况，便及时隔离。到 1998 年，余盈健的果园里果树硕果累累，鸡、鸭成群，这一年，除去正常开支，净赚三四十万元，余盈健也成了当地有名的农技专家了。

果园喜获丰收，鸡、鸭销量又好，有了一定的经济基础，余盈健发展种养业的信心更足了。2001 年余盈健对鱼市场进行调查发现：仅三都镇淡季期间一日就能销鱼 150 公斤，而到 9 月份以后，鱼的需求量则更大，一天能销 1000～1500 公斤，且价格高。于是，2002 年余盈健在自家门前挖了三口鱼塘，水面 1～6 公顷，有鲫鱼、鳜鱼等 10

多种鱼。如今，鱼已成为他的又一主打项目。在此基础上，两年前在高安市上高县学习参观西门塔尔中养殖基地。回来后他试养10头西门塔尔牛。如今这10头牛已下崽4头，其余几头也要下崽，余盈健说：这种牛可做菜，又可挤奶，也能耕田，称“三用牛”，18个月可出售，出牛率达56%，过年准备再养100头西门塔尔牛。2004年他还扩大了种业，如今已开辟荒地4000亩；投入40万元拦坝蓄水养鱼380亩水面。

20年过去了，余盈健在党的富民政策下，事业不断发展壮大，如今拥有近千万元资产，2004年这位劳动模范又当选为市人大代表。

五、自学技术带领农民踏上致富路

几分耕耘，几分收获。在劳动致富的道路上，谁如果付出的努力多，谁也就能够得到更丰厚的回报。这些年来，在广大农村涌现出了一批土生土长的土专家农民，而这些土专家农民是通过自学技术，将这些技术应用到实际的生产当中，获得了成功。并且他们将这些技术又传授给四邻八乡，带领广大农民踏上了致富路。

刘建民在河北省唐山市丰润区沙流河村被誉为“种养能手”。菜农王艳昌称赞说：“在我们这儿搞种养业，建民最‘牛’。大家遇到难题他都会帮一把，是大家公认的土专家。”

据《农民日报》报道，近几年来沙流河村刘建民依靠自己的蔬菜大棚，发展“猪—沼—菜”种养模式，不仅富了自己，还带领众乡邻走上了生态致富路。

40多岁的刘建民，初中毕业后，打过工、卖过菜，但收益却不明显。1992年，他到玉田县进货时发现大棚蔬菜能够错季上市，市场需求量大，便萌生了发展大棚蔬菜的念头。于是，他在自家责任田里建起了蔬菜大棚。一年下来，1 亩多地的大棚蔬菜就赚了 5000 多元。

第二年，村里着手规划建设棚菜种植基地。踌躇满志的刘建民向亲戚朋友借款，投资 10 万元在基地内建起了两个占地 3 亩的蔬菜大棚。正当刘建民准备大干一场时，长势正旺的黄瓜秧苗一夜之间全打蔫儿了，叶片上长满了黄斑和黑毛。他急得吃不好饭、睡不好觉。通过翻阅书籍、查找资料，最后确定黄瓜秧苗得的是霜霉病。由于采取了紧急救助措施，秧苗恢复了正常。经过这次波折，刘建民开始如饥似渴地学习种植技术，参加镇里、区里组织的培训班。有经验的种植户、农业技术员都成了他虚心求教的老师。

功夫不负有心人。经过几年的摸索与实践，刘建民很快掌握了棚室蔬菜种植技术，成为基地内响当当的“蔬菜状元”，前来求经问计的络绎不绝。1999 年，他又扩建了两个棚室，种植面积达 7.4 亩。

新思想催生新观念，新观念助推新发展。刘建民在参加培训中，得到这样一则信息：在菜棚内建猪舍和沼气池，是很好的生态种养模式。于是，他主动与区新能源办公室联系，在技术人员的帮助指导下，刘建民把自家 4 个蔬菜大棚全都改造成了集猪舍、沼气池、棚菜于一体的生态系统设施。在搞好棚菜管理的同时，刘建民购进了 4 头母猪，开始致力于母猪的喂养。第二年春天，4 头母猪陆续产下小猪。

“猪粪直接冲入沼气池，解决了环境污染问题。沼渣、沼液是蔬菜的好肥料，既减少了化肥、农药的投入，又能有效防治病虫害，效果好着呢!”谈起自己的“猪—沼—菜”立体种养模式，刘建民喜悦之情溢于言表。刘建民的棚室蔬菜还顺利通过了河北省无公害农产品产地认定，种植的黄瓜、西红柿色泽鲜艳、口味好，深受消费者的青睐。目前，他饲养母猪 6 头，年出栏仔猪 120 多头。近几年来，刘建民种菜、养猪的年收入一直稳定在 8 万元以上，他本人连续 4 年被区农牧局命名为“十大种植能手”。

刘建民在自己致富的同时，还主动帮助其他菜农解决技术难题。特别是对新来的菜农，他总是耐心帮助。“刘大哥技术水平高，人品更是没得挑!”来自玉田县尚庄村的菜农陆长安深有感触地说。2000 年，陆长安来沙流河村种植棚菜。由于是“门外汉”不懂技术，一时间无从入手。为这事，夫妻俩没少吵架。刘建民得知情况后，主动给他们当技术指导。如今，陆长安也成了园区里的种植能手，年收入 5 万多元。

一天夜里，村民刘艳家的母猪难产，找到刘建民。他二话没说穿上衣服就来到圈舍，给猪打了一针，使母猪转危为安，挽回了近千元的损失。“刘大哥就是这么个热心人，不管谁求到他，从没说个不字!”这是农户们对他的一致评价。据了解，基地内大部分农户都得到过刘建民的帮助，大家一有时间就到他的大棚里坐坐，学学技术，分析行情……刘建民的菜棚俨然成为基地里的技术指导中心和信息交流中心。目前，基地已有 16 家建起“猪—沼—菜”立体种养模式。

谈到今后的打算，刘建民信心十足：组建一个专业合作社，把基地内的农户联合起来，注册一个商标，打出自己的无公害蔬菜品牌，加强管理、降低成本、统一销售，带领大家谋求更大的经济效益。

培养新型职业农民，是一项长期而艰巨的任务。要建立和完善新型职业农民的培养机制，充分发挥政府作为主导力量的作用。同时，动员和引导社会力量，调动广大农民的积极性，为建设社会主义新农村培养和造就新型职业农民。夯实农村教育这个基础，尤其是普及和巩固农村九年制义务教育，提高农村整体文化水平，同时须加大农村职业教育的力度；大力开展农村劳动力技能培训，根据新农村建设的需要，有组织有计划地对农民进行科学技术培训，充分开发和调动农民的创造力和积极性；积极繁荣和发展农村文化事业，促进农村精神文明建设，加强农村法制建设，形成培养新型职业农民的良好环境。

培养新型职业农民应得到全社会的共同关注。要动员和引导社会力量关心和支持新型职业农民的培养。在开展农村劳动力技能培训方面，加快建立政府扶助、面向市场、多元办学的培训机制，整合农村各种教育资源，动员社会力量发展农村职业教育和成人教育；在农村文化建设方面，动员社会各方面开展文化科技卫生“三下乡”、文化对口支援等活动，倡导社会力量资助农村文化站、图书室等农村文化基础设施建设以及农村公益性文化活动，积极组织社会力量开展农村文化服务等。

第四章　新型职业农民的未来

新型职业农民的未来究竟是怎样的呢？可以用一句这样的话说：未来想当农民不容易。这并不是说，今后当了农民日子更不好过了，而是说今后不是谁想当农民就能够当农民。正如今天不是我们每个人谁想当公务员就能够当公务员一样。当公务员可以，不过要经过考试、面试等选拔程序才能进入公务员行列。今后当农民也一样，同样要经过某种程序才能当农民。这对于广大农民朋友而言几乎是不可思议的，因为对于世世代代是农民的朋友而言，千方百计想法能够跳出“农门”是做梦都想的事，怎么能说今后想当农民还不容易呢？这就是我们所要说的新型职业农民的未来。

第一节　从传统农民到新型农民

培养有文化、懂技术、会经营、晓政策、建组织、讲文明的新型农民，不仅是建设社会主义新农村的要求，同时也是实现中国农业现代化和中国特色社会主义现代化的必然要求。农业现代化是世界农业发展的大趋势，农业现代化使农业生产方式发生了深刻变化，推动农业逐步由小农业向大农业转变，由单一功能向多功能转变，由粗放型向集约型转变，由经验支撑向科技支撑转变，由低效益向高效益转变，进而推动城乡二元结构向城乡一体化转变。在农业现代化过程中，世界各个国家由于各自国情不同选择了不同的发展道路。如美国、加拿大、澳大利亚等人少地多、劳动力短缺的国家，以提高劳动生产率为主要目标，凭借发达的现代工业优势，大力发展农用机械取代人力和畜力，通过扩大农场种植面积和经营规模，提高农产品的总产量。如荷兰、以色列、日本等人多地少、耕地资源短缺的国家，以提高土地生产率为主要目标，通过改良农作物品种、加强农田水利建设、增加化肥和农药使用量等措施，提高单位面积总产量。如法国、德国等土地、劳动力比较适中的国家，以提高劳动生产率和土地生产率为主要目标，既重视用现代工业推动农业，又重视科学技术推广应用。世界各国推进农业现代化的各种做法，为中国农业现代化能够健康发展、少走弯路提供了非常有益的借鉴。

我国人多地少，农业资源紧缺，环境承载力较弱，农业和农村发展滞后，农民收入增长缓慢，城乡差距较大，这是我国的基本国情。探索中国特色农业现代化道路，不能脱离我国基本国情，也不能超越我国所处的发展阶段，特别是农业的现代化必须与我国农民的现代化相结合，将我国传统农民向新型农民转化作为培育现代化农业和现代农民的重要内容。

农业现代化。农业现代化是全面的现代化的重要组成部分。如果以轻视甚至牺牲农村、农业、农民的方式来推行工业现代化，最后的结果必然是农民不满意，农村发展滞后，农业发展落后，从而不可能完成社会主义现代化建设的任务。十一届三中全会以来，邓小平和党中央开辟了中国特色社会主义现代化建设的道路，就是要走一条让中国农民，让中国人民都受惠的道路，就是要在具有众多的农民、落后的农业、贫穷的农村的国家，实现社会主义现代化和人民共同富裕。实践已经证明并将进一步证明，这条道路是正确的。

农业社会化。生产力现代化的核心问题是实现社会化的大生产，也就是生产力的社会化。农业现代化的核心就是实现农业生产力的社会化和农业的社会化生产。而社会化大生产的突出特点是专业化、协作化，同时要求高新技术不断渗透到生产力中去，转化为现实生产力。农业现代化必然要走社会化生产的发展道路，实现农业产业化、专业化、协作化，用高科技武装农业，摆脱农村自给自足的、传统的、封闭的、落后的小农经济。

农业市场化。生产力的社会化必然要求高度的市场化。马克思、恩格斯认为，农业现代化的过程，同时就是农业中的商品经济代替自然经济的过程，就是农业商品化、市场化的过程。农业市场化，就是通过市场经济把整个农村、农业、农民联系在一起，把城乡、工农联系在一起，使农村、农业和农民融入整个市场体系。农业现代化要求不断提高农村的市场化程度，提高农产品的商品率，要求农民由传统的自给自足的个体劳动者变成从事企业化、规模化、集约化经营和劳动的现代农业的经营者和生产者。

农业工业化。工业化进程首先发端于城市和工业领域，但农业的现代化发展引起了农业企业化、资本化的发展，从而导致了一场农业革命，引起了农业机械化、良种化和化肥化，使得农业用工业的技术和组织形式进行生产，农业革命引起了农业工业化的进程。所谓农业工业化，就是农业要用工业化的办法、用社会化生产方式组织起来。今天，农业不仅要走工业化道路，而且一定要走新型工业化道路，即低成本低污染低消耗的资源节约型环境友好型的工业化道路。循环农业经济为新型工业化道路开辟了一条新的途径，同时也为新型农民提出了新的要求。

农业企业化。现代化也好，社会化也好，新型工业化也好，最后都要落实到企业化的生产组织形式上。农业现代化必须建立适合市场经济的，适合社会化生产的现代企业模式。传统自然经济的做法，像豆腐坊、榨油坊、铁匠坊等组织形式都形成不了规模效益，必须有现代企业化的经营模式和生产组织形式，农业现代化一定要走农业企业化的发展道路。《农民日报》刘远的一则关于中国更香有机茶的专题报道很能够说明规模效益这个问题。

美国 NBC（全球广播公司）电视台播出的一部关于中国更香有机茶的专题片，在美国引起热烈反响。这个销售额近 3 亿元，分店遍布京城及河北的企业总经理朱丽俐，在十几年前还是个浙江省武义县的茶妹子。武义县是茶的故乡。作为一名茶妹子，朱丽俐自小就和芳香的清茶及勤劳的茶农结下了不解之缘。在童年，家乡的好茶与茶农的贫困生活，在她心中形成了强烈的反差。她萌生的最大梦想就是送杯清茶去北京。同时，让父老乡亲通过营销茶叶脱贫致富。1995 年，朱丽俐怀着无限的希望来到北京创业，在马连道开设了一家不足 20 平方米的茶叶店。

经过了半年，买卖没有起色。又经过了一年，生意还是不行。看着空荡荡的小店，朱丽俐开始琢磨店的出路到底在哪里。经过长时间的观察，朱丽俐发现北京人爱喝茶，却不注意包装，甭管多好的茶也只是纸一包，绳一捆了事。这样，现买现喝还可以，时间一长味道就没了，送礼也不体面。看到这一点，朱丽俐果断创新销售模式，从包装入手，既卖茶叶又卖茶叶筒，用精美的包装带动茶叶的销售。这为她赢得了巨大的商机，茶叶店顿时变得门庭若市。

朱丽俐用质量创造市场，以诚信赢得顾客，凭真诚凝聚员工，靠管理促进发展。7 年过去了，历经风风雨雨，更香公司在奋斗中渐渐成长起来。从开始的 10 多平方米小店，发展到今天在京城的 23 家连锁店；从原来的两个人变成了今天的 100 多名员工；从当初的两三个茶叶品种增加到今天的 6 大茶类 300 多个品种；从昔日经营普通茶叶拓展到纯天然无污染的有机茶。朱丽俐这个茶妹子不但当上了总经理，还被诸多同行冠以有机茶王的美名！

对眼前的成功朱丽俐并不满足，她把眼光转向了更高的目标。随着人们对健康的日益关注，纯天然的有机茶必将是未来的发展方向。朱丽俐再一次敏锐地捕捉到新的市场商机，开始率先投资开发生产有机茶，并根据国际有机茶生产、加工、包装的严格要求，对茶叶基地进行改造和提升。同时，邀请国际和中科院茶叶研究所的专家到现场指导、定期检查。她又一次走在了市场的前面。经不断努力，更香有机茶通过了国际 IMO 有机食品认证中心以及中国农科院茶叶研究所、中农质量认证中心的双项认证。她也真正实现了自己的愿望，让京城的人、让更多的人喝上绿色的有机茶。

朱丽俐领导的茶叶公司，实现了企业增效与茶农的增收。为更好地带动家乡的茶农们增收致富，她和丈夫一起于 2005 年成立了武义县更香有机农业专业合作社。到今年 9 月，这家合作社以“提高社员组织化程度，发展高效生态农业，推进农业产业化经营和农产品品牌建设，促进农业增效，带动农民增收”为目标，已经帮助5000多户茶农脱贫致富，人均增收达2000多元，得到社会各界的广泛赞誉。这就是我们所说的农业企业化经营的道理。

农村城镇化。实行农业生产的社会化、市场化、工业化、企业化，最终结果是大大节约了农业生产的成本，节约了劳动力，这样就会产生大量农村富余劳动力。农村富余劳动力往哪儿去？要靠工业化和城镇化来吸纳。一定要大力发展城镇化，走城乡一体化的道路。当然城镇化要讲科学发展。农业现代化的结果是，传统农业和自然经济条件下的农业脱胎换骨，变成现代化的、社会化的、市场化的农业。一部分农民成为新型的现代农业的经营者、劳动者，一部分农民成为工业和其他产业的经营者、劳动者，越来越多的农民成为现代城镇居民。农村成为现代化的社会主义新农村。

农民市民化、现代化。农业的现代化、社会化、工业化、企业化都对当代农民的现代化提出更高的要求，要求农民不再是传统社会没有掌握现代技术、信息的小农业生产者，而是切实掌握现代农业技术和信息现代农民。同时农村的城镇化，不仅对农民职业提出了新的要求，同时对农民的身份也提出了新的挑战，农民不再仅仅是一种身份，而是一种职业。农民职业化与农民的现代化相联系，使得传统农民摆脱更多的束缚，将农民解放出来，极大调动农民的积极性，推动农业现代化、农村城镇化以及农民市民化、现代化。

总之，实现社会主义农业现代化，实际上就是要实现农村生产力发展的社会化、市场化，实现农业的新型工业化、产业化、企业化，实现农村的城镇化，农民成为与城市居民具有平等身份的社会成员，这些都应该成为培育新型职业农民的重要内涵。

第二节　身份农民到职业农民

一、农民职业化

职业是随人类社会出现劳动分工而产生的。众所周知，人类社会经历了三次大分工。第一次社会大分工是游牧业与农业的分离，从而产生游牧者与农业劳动者的职业分工；第二次社会大分工是农业与手工业的分离，许多人从农业上转移出来专门从事手工业劳动；第三次大分工，也是有决定意义的社会大分工，就是商业与农业的分离，从而形成了一个不从事生产而专门从事产品交换的群体——商人。虽然这三大分工是人类社会最初的劳动分工，但是它们奠定了三大产业的分化方向。现在广大农民朋友们经常听到或看到的关于三大产业的说法，就是从上述三大社会分工演化而来的，工业是在手工业基础上发展起来的，第三产业是在商业的基础上确立起来的，而职业分化正是以社会分工为基础的。

在每个国家或地区，即使在我们身边也经常能够观察到这样的现象，有当工人的，有当干部的，有当教师的，有当医生的，也有外出打工的，也有当老板的，也有养猪的，还有种田的等等，似乎每个人从事的职业都不尽相同。人们的职业不同，是因为分工的不同，这就是我们所说的社会分工。养猪的可能不会看病，至少是看不好病，打工的就很少从事干部工作。而职业的选择是每个人的文化水平、能力等各种因素决定的。

同时我们看到尽管第二、三产业都是从农业中分离出来的，并且是以农业生产力发展到较高水平为前提，但是农业在很长一段时间没有被人们当做一种职业来看待，即使连从事农业生产的农民也没有认为农业是一种职业。法国有个叫孟德拉斯著名社会学家曾经指出，法国农民在没有终结之前，“都一致认为，最好是有一份职业。而不要待在农村里种田，但很多人希望至少有一个儿子继续从事农业经营”。由此可见，在法国这样比较发达的国家也曾不把农业当做一种职业看待。我国更是如此，直至现在，也没有将农业认同为一种职业。国家在制定就业政策和劳动保险政策时还没有考虑到农业劳动者，也就是说，我国的农民不享受国家的就业待遇和劳动保险，全社会乃至9亿农民自己也不将农业当做一种职业看待，而视为农民先天就有的一种存在，不需要经过后天的努力就能够自动获得，当然更不用说农业的职权问题了。农民获得这样一个职业不是他们自己所选择的，更多的是自然的继承，也正如我们农民朋友所说的“龙生龙，凤生凤，老鼠生儿会打洞”。

相反，如果谁不想当农民，就要靠自己的努力，去当兵、考大学、去招工等，这些非常有限的渠道为农民提供了“非农化”的途径。年纪稍大点的一代人很清楚当时当兵是怎样一种情形，考大学又是怎样一种情形，招工又是怎样一种情形。当然这些途径现在已经发生了巨大变化，当兵、考大学、招工等只是为农民子弟“非农化”准备了一定的条件，是否像以前一样能够真正跳出“农门”，还需要更加激烈甚至严酷的竞争。

在过去，我们曾经一度还通过农业集体化将农民组织起来，实行工厂式的劳动程序，但是这样的组织过程，目的并不在于提高农业和农民的职业化水平，反而是将农民牢固地限制在农村的田地里，不让其流入城镇和工厂，寻找其他就业机会的作用。因此，虽然农民的身份在我国社会主义建设中经历几次变化，如互助组组员、合作社社员和公社社员，但农民仍然被列在我国职业范畴之外。

尽管30年来，农村改革使大批农村剩余劳动力从土地上解放出来，从事第二、第三产业的活动，他们的身份、角色、地位等都发生了巨大的变化，但仍被社会视为“农民工”。根据目前估算，我国大约有2亿的农民工。如果将那些“离土不离乡”的农民工不计算在内，我国还有大约1.2亿的农民工。这是一个非常庞大的流动人群，这个群体大到什么程度呢？这在西方国家是不可想象的。这次由美国金融危机引发的全球性的经济危机，波及中国后，大约有2000多万农民工失业返乡，这个数据就相当于2006年澳大利亚国家的总人口。我国大约有2亿的农民工，这在过去同样几乎是不可想象的。现在情况已经发生了很大变化，农民可以自由流动，但国家始终没有给这些流动的人落下来政策，一直让他们跟候鸟一样地来回飞着。这就是我们经常听到的，农民都当了大企业家，还叫人家“农民企业家”；都已经从事了非农业生产，并且在一个城市生活工作好多年了，还叫人家“农民工”的原因。所以我们农民的这个群体就没有职业归属感。

不过，事实毕竟是农民在发生变化和分化，他们的职业地位逐渐在得到认可，其职业化程度也有所提高，具体表现为：

首先，从事非农活动的农民，其地位不仅得到国家法律和政策的认可，而且也得到社会的认可，人们对他们的歧视程度降低了，再不认为他们从事的活动是盲目非法的。因此，这批从农业转移出来的人被社会认为也在从事各种职业活动，特别国家还颁布了保护农民工条例的法规，这在一定程度上表明那部分离开田地已经进入第二、三产业领域2亿左右的农民，在职业上获取了国家和社会一定的认可。当然，这样的认可还相当不稳定，原因在于国家没有在认可的同时对他们采取相应的职业和劳动等保护政策。这些人尽管已离开了农业，但与农业仍有千丝万缕的联系。比如许多经商、务工的农民仍然保留一定的口粮田，以便为国家政策变化或者经商、务工不成功准备一条退路，这批农民还没有真正终结，也就是说还没有真正被城市化，从事非农业生产。

其次，当前我国农业生产越来越多地受国家政策和市场的影响，这个市场不再仅仅局限于国内市场，还包括国际市场。前面一些生动的事例也说明这点。农业生产不再仅仅是为了维持农民的简单的温饱生活的一种活动，也不再仅仅是小农经济。这表现为，一方面农业在产业结构上发生了很大的调整，现在我国农业一改过去专注单一的粮食种植，逐步转向多种经营，十分重视种植经济作物和农林牧副渔并举；另一方面，农民不再只埋头劳动而不问市场行情，也就是说，农民从事农业生产不再仅仅是为了维持生活，而开始走向市场，开始注意农业的盈利状况。因此他们在安排农业生产时不但考虑自然条件和农作物品种，而且还考虑市场信息。在改革中，农村出现了一批经营农业致富的农业专业户。随着生产力的发展和农村改革的进一步深化，这样的专业户越来越多，他们不再纯粹是农业生产者，更确切地说是农业经营者，他们把农业当做企业那样来经营，因而在生产决策、流通上渐渐地引进一些有益的工业和商业经营经验和技术，从而改变了农业的生产方式和社会的地位。

第三，农业生产已经纳入整个社会活动体系之中，与其他职业联系越来越密切，不再是独立的行业，新型农民培育也与其他部门联系越来越紧密。农业的发展需要科技的支持，近年来科教下乡，科研和教育行业的帮助农业发展，农业机械化、信息化、标准化、产业化、市场化等与科技关系密不可分；农业还需要金融部门的支持，没有金融部门的支持，农业发展只能在艰难的途径中缓慢发展，有了金融部门的支持，农业的发展才能插上腾飞的翅膀。发展农业还需要化肥、农药，还要与农业化学行业有联系，农业发展、新型农民培育还需要保险公司、社会保障部门、外贸部门、标准化部门、商标和专利部门等众多部门建立联系，同样说的是这个意思。总之，随着社会主义市场经济的壮大、成熟，农业像其他职业一样被整合到整个社会大体系中，与其他职业的功能依赖性越来越强，不仅需要国家像对待其他职业那样对待农业，而且整个社会乃至农民自己也渐渐地认识到农业像其他职业一样是社会中不可没有或缺少的重要职业。

第四，农业生产的许多环节逐步分离出去，成为专门的农用工业部门或者服务部门。这在农业发达国家已成为一种普遍现象，像种子培养、饲料加工、肥料生产等一系列原本属于农业生产本身的职能，都已采用工业的生产方式独立地去完成了。如美国的先锋种子公司、法国的丽玛种子公司，等等。我国也设立了种子站，为农业生产提供种子培育服务。现在国外有人把农业叫做“食物和纤维生产体系”，这与传统的“农民”概念迥然不同，因为这个体系不仅包括农业生产本身，而且还包括农业生产资料生产和供应部门，即所谓的农业前部门、农业部门和农业后部门有机地结合在一起。我国现在大建农业生产社会化服务体系，其目的也将农业生产的许多环节分离出去，使农业生产专业化、工业化和社会化。这些年我国在这方面已经有了长足的发展，这是我国农业现代化的一个重要标志。随着农业生产专业化、工业化、社会化的推进，从事农业生产的农民也不再是传统的农民，而变成了职业化程度很高的农业劳动者。近年来我国农民自己建立各种经济组织充分表明了这点，并且成为我国新型农民一个重要素质要求。

我国农民在上述四个方面表现出来的职业化倾向是初步性的，与完全职业化的差距还很大，因为它有许多限制条件：首先，社会大环境尚未具备使农民得以职业化的条件；二元社会结构未彻底打破，新的城乡社会格局尚未形成，因此，农民还不可能获得与其他行业的人同等的职业待遇；统一的社会主义市场有待于进一步形成，人为的工农业价格剪刀差机制还在发挥作用。因此，农业不可能与第二、第三产业进行公平竞争，享受同等的市场待遇；虽然联产承包责任制使农民获得了土地的使用权和经营自主权，但由于人多地少，土地承包分割过细，农民尚不能对土地进行大规模集约经营，也不可能全面地实现农业机械化操作，从而限制了农业劳动生产率和效益的提高，使得农业的赢利水平很低，有的地方根本没有赢利。这样与第二、第三产业相比，农业仍只是解决温饱问题，尚不能使农民从温饱奔向富裕，靠农业致富在大多数农民看来是不可能的。其次，大批农民剩余劳动力没法转移出来，这已成了农村发展和现代化的重大包袱。已经实现农业职业化的国家，其经验表明，只有当农业人口在社会总人口中占很小比例（美国只有3%左右），同时农业上不再存在剩余劳动力时，农业才有可能成为一种职业，农民也才有可能像企业那样来进行经营农业。而我国的农村工业化和城市化水平尚未达到完全吸纳大批农村剩余劳动力的程度。但是，无论如何，农村现代化的结果必然是农民的职业化。因此，我们现在进行的每一步农村现代化努力都在为农民的职业化做准备，如以工促农、以城带乡、加快改造传统农业、走中国特色农业现代化道路、着力破解城乡二元结构，形成城乡经济社会发展一体化新格局等重要改革措施。

那么，真正实现了农民职业化，农民究竟在身份、角色、地位、观念、行为方式等方面有什么变化呢？有三句话可以概括：

第一句：想当农民不容易。未来农民从事的农业不再被看做是农民与生俱来的、不能选择的一种存在，并且被列入社会职业选择表。并不是每个农民天生就能当农民，当农民也要经过选择、培训，而不能轻易获取。也就是说，农业已达到相当高的专业化、工业化和社会化水平，与其他职业一样，从事这项事业既需要一定的科学技术，又需要很强的管理经营才能，如果一个人不经过一定时期的职业培训和教育，没有相当高的文化水平，那就不可能胜任农业生产。这是农民职业化的一个重要表现。

第二句：农民不只是农民。农民职业化的另一个表现就是农民从事的农业生产是开放性的，面向整个社会，目的是为社会提供有偿服务，进入社会商品大循环。因此，农业不再是自给自足的经济活动，而是商品生产活动。农民把农业当做企业来经营。商业、工业活动中的成本核算、风险投资等观念都被引入农业生产之中。从这一点上看，更确切地说，农业生产者不再是原来的农民，而是农业工人和农业经营主或农业企业家了。

第三句：谁还说你像“农民”。我们经常会听到有人讥讽他人老土、落后、粗俗、地位低下等时会说，你怎么跟农民一样。这实质上就是瞧不起农民，问题关键是作为职业的农民没有达到与其他职业一样平等的待遇。农民职业化就是农民在生活上与从事其他职业的人没有什么区别，具体地说，就是城乡差别缩小到不再是阻碍城乡生活的差别了。从事农业生产不再意味着落后、保守甚至低人一等，更不会让其他人歧视，自己也没有这方面的感受和意识。也就是说，职业化了的农民在社会地位、身份、观念上已达到与其他人确实平等的水平。他们既能享受到国家给予公民的所有待遇，又能享受到与其他行业的人同样或相似的生活。

当然，并不意味着社会没有差别，农业生产者与其他行业的人没有差别。实际上，社会差别仍然存在，既有职业上的差别，又有生活、观念、价值上的差别。但是这样的差别并不构成或带来社会的不公平和不平等，也不会造成人们的自卑或优越心理，也就是说不会造成贵贱高低之别。这才是传统的农民的终结，这才是农民的现代化。

二、农民组织化

前文已经说明新型农民是会建自己组织的农民，是能够利用自己所建组织生产致富的农民。我们这里所说的组织并不是仅仅指农村的基层行政组织，当然农村基层行政组织是重要组织，而是指除了农村基层行政组织之外其他农民的自组织，如农民自己建立的瓜菜协会、科技致富协会、果业合作社、果品商贸合作社、新农村发展协会，等等。

社会组织化程度是社会进化和发展的一个重要标志，越是组织化程度较低的社会，其进化和发展水平则越低，反之亦然。因为社会越进化、越发展，其结构就越分化、越复杂，那么对组织的要求则越高。就农村这一小范围而言，也有个组织化问题。当农村处于封闭状态时，仅靠邻里关系以及家庭亲属关系就可以维持社会秩序，支持其生存，但一旦冲破封闭状态，走向外面世界，邻里、家庭、亲属这样的地域性、血缘性初级组织已远远无法满足现实的需要，也不能保护农村及农民的自身利益。因此，需要创建更复杂的组织来调节农民与农民之间、农民与村集体之间、村与村之间，以及与外面更大的社会组成部分的关系，西方发达国家的农民在农村现代化过程中就有过这方面的经验。比如根据有位叫孟德拉斯的法国社会学家的调查和研究，发现法国农民在 19 世纪和 20 世纪初的现代化过程中，为了保护自己的利益，有效地参与市场竞争，建立各种农业组织，诸如各地纷纷创建农民联合会、合作社、信用社、互助会，甚至还建立各种全国性农业公会、全国农民联盟、全国农民协会、经济委员会，等等。这些组织在团结和保护农民利益、调节农村内外各种关系方面都起了重大的作用，一些农民组织甚至在全国形成了一股很有势力的政治力量，参与国家管理和决策。尤其是在选举投票中，发挥了这个群体的巨大力量。我们会时不时从报纸、电视上可以看到各种农民组织举行的各种活动，其中也包括一些农民组织为维护自己的权益所举行各种抗议、示威、游行等活动。

根据有关材料介绍，荷兰农民建立自己的各种组织为其经济发展服务。荷兰位于欧洲大陆西北部，西、北两面临海，东与德国接壤，南与比利时为邻，仅仅是一个“海边的小国”，但这样一个小国，其农业迅速发展代表了当今世界现代农业发展的方向。荷兰的农业以规模相对较小的初级农业生产结构为特点，大多数农场是国家式经营，很少有大型的工业化企业集团农场。由于规模小、市场竞争力弱，农民的经济力量得不到保障，但他们之间具有共同的利益，具有共同的市场地位，由于这些特点，农户自发地结合起来，建立互助互惠的经济合作组织，联合采购农业生产资料、加工和出售农产品以及筹集资金，从而降低投资成本，提高产品收益，使农民在激烈的竞争中取得最大的经济效益。这种由农民自发组织起来建立的农业经济合作组织就是荷兰人极为推崇的农业合作社。

荷兰的农业合作社起源于19世纪70年代，第一个采购合作社成立于1877年，紧接着成立了牧业合作社、信用合作社。随后各种农业合作社不断涌现，到20世纪40年代末，荷兰农业合作社数量达到3150个。伴随着农业合作社的规模逐渐扩大和专业化、市场化水平不断提高，自20世纪50年代以来，农业合作社的数量逐渐减少，而市场占有率却大幅度上升。如1949年有18个花卉拍卖市场合作社，而1997年仅剩7个，但市场占有率却由60％增加到96％。在荷兰农民收入中，至少60％是通过合作社取得的。

荷兰的农业合作社为荷兰的农业和农村经济社会的发展作出了重要的贡献。

刚才介绍了荷兰农业合作社是怎么回事，相信会给广大的农民朋友有所启发。当然，提到西方发达国家建立的农业合作社，并不意味着主张我们广大的农民朋友也要形成一股很有势力的政治力量，参与国家管理和决策，而是学习他们建立合作经济组织，通过组织发展农业，发家致富。我们的国家是以工农联盟为基础的无产阶级专政国家，在根本利益上农民与国家、政府是一致的。但反过来也不意味着农民的利益已得到足够好的保护，农民和农村社会得到有效的组织和管理，其组织化程度已达到相当高的水平。我们国家在社会主义建设过程中对如何组织农民，如何管理农村，如何调节好农村各种关系、城乡关系、国家与农村关系等问题十分重视，并在组织化方面下了很大的努力。新中国成立伊始，我国就在农村进行社会主义改造，先组织农民代表大会，进行土改，接着就开始组织互助组、初级社、高级社直至随后的人民公社。这样的农民组织化过程在一定程度上改变了传统农民的分散状态，可以有效地调动农村分散的有限资源，为农村和农业乃至国家的重点建设服务。但是，正如前文所指出过的，这样的组织化形式不但没有加快反而延缓了农村现代化进程，同时也不但没有有效地保护，反而在很大程度上损害了农民和农村的利益，因此这种组织化已被证明是失败的。

这种组织化之所以失败，主要是因为把农民和农村的组织简单化、单一化，以政代社，农村社会除了行政组织外再也没有其他组织，也没有其他社会空间了。同时，这样的行政组织把自己的组织目标和利益当做农村社会以及农民个人的目标和利益，实际上两者是不一样的，经常产生脱节现象，从而使行政组织的目标和利益得不到农村社会和农民的真正认同，也就调动不了农民的积极性，所以这样的组织化最终失败。这从反面说明了集体化运动所采用的组织化做法，不符合农村现代化中农民组织化的要求。

这里所讨论的农民组织化问题主要涉及农民如何自发地组织起来，以适应社会的变化和发展，以保护自身的利益，更确切地说，是指农民的自愿组织化问题，而不涉及国家在农村的行政组织化状况。农民通过自愿建立自己的各种服务农业的经济组织，是新时期对新型农民要求，也是时代发展的客观要求。正是在这个意义上，广大的农民朋友建立自己的组织，需要具备一些基本的要求或基本原则。

第一，自愿建立。农民朋友建立组织是在自愿的基础上的，而不是通过行政手段和命令强迫组织起来，或者是外界的力量强加给他们的一些组织。当然，外界和行政的合理、恰当、正确引导是加快农民组织化所需要的。这一点反映了农民的自觉程度。农民的自愿组织化程度提高了，说明了农民的素质提高了，他们不再是“只管自己门前雪，不管他人瓦上霜”的松散的传统农民，而是已摆脱了小生产的习惯、身份，走向职业化了的农业劳动者。

第二，组织的多样性。这是由社会进步带来的多样的需求所决定的。当农村社会还处在自给自足的自然经济状态时，解决温饱问题是农民的最大要求，而农民依靠家庭这一组织就能实现这一要求，不需要其他组织。但是，当社会经济有了很大的发展和进步时，农村生活得到改善，农民的需要不仅仅停留在温饱上，而变得多种多样，既有生存的需要，又有享有、发展、参与更大范围交往的需要，等等。当家庭和邻里这样的组织已远远满足不了这些需要时，农民就会创建各种各样的组织来满足不同的需要。在这里，任何单一的组织都没法满足广大农民的不同需要。因此单一的组织不是农民组织化所要求的，从而也不是农村现代化所需要的。

第三，组织目标与利益有直接相关，而不是相脱节的。任何与农民切身利益相分离的组织都不为农民所接纳或认可，当然在农民中也不可能存在下去。

当前，我国农民随着经济社会的发展已经建立许多经济合作组织，这些经济组织在农民生产生活中，特别是在农民致富实践中发挥了重要的作用。经过改革开放 30 年来的发展，中国部分省份和地区发展农民专业合作经济组织的数量规模不断扩大，农民合作经济组织的覆盖面扩大，呈现了逐步加快发展的态势。截至 2004 年年底，综合农业部等机构的统计和估算，全国新型农民合作经济组织总数已达到 15 万个左右，拥有农民专业合作经济组织的村占同期村民委员会总数的 22%左右，参加组织的会员约 2363 万人（户），占乡村农户总数的 9.8%。这些组织的发展在地区分布上，从经济发达的地方到经济落后的地方都有发展，中部最多，东部次之，西部最少。全国农民专业合作经济组织分布最多的五个省是山东、湖南、陕西、河北和湖北，最少的省份为青海、海南、宁夏、新疆和福建等。

按照组织的形成背景划分，中国新型农民合作经济组织的组建和发展模式，大体有五类：第一类是由科技协会发起建立的；第二类是由农业技术推广站等政府事业单位及乡村干部发起建立的；第三类是由供销合作社发起建立的；第四类是由龙头企业发起建立的；第五类是由农村中的专业户、经销大户等自发建立的。新型农民合作经济组织的主要形式有农民专业协会和农民专业合作社两种。不过，由于现实中冠名以农民专业协会或专业合作社的组织并没有一致的判定标准，且各种形式的农民专业合作经济组织在登记管理中不统一，或者未办理登记手续，目前还只能以名义上进行观测判定作初步统计分析。中国新型农民合作经济组织的具体范围主要包括：由农业部界定的农民专业合作经济组织；由中华全国供销合作总社界定的、由各级供销社系统组织农民按照合作制原则兴办的专业合作社；由中国农村专业技术协会界定的、由农民在自愿互利基础上组建的、以科技为纽带的、具有互助合作性质的技术经济组织等。

中国新型合作经济组织的类型多样。从组织目标功能看，包括投入型农民合作经济组织、市场营销型农民合作经济组织和服务性农民合作经济组织；从行业分布看，粮食、棉花、花生、蔬菜、水果、畜产品、水产、农机等不同行业都出现了为数不少的农民合作经济组织；从合作层次看，有从村级到省级的各种级别和层次的农民合作经济组织。这些组织在行业分布上，以种养业为主，主要集中于商业化程度较高的特色种植业和畜牧水产业等领域，从事粮食作物种植的非常少。有些组织同时从事多项活动，包括农产品加工和技术信息推广等。从组织的类型看，大多数的组织属于技术经济服务型，主要是为会员农户（甚至为非会员农户）提供技术经济信息和一些生产资料的供应服务。

基于我国农民的组织化现状以及发达国家在这方面的

经验，以及任何组织都是为一定目标和需求服务的，农民自己的组织当然是多方面、多层次的，也是不断变化发展的，在现实生活中，大体有这样几类农民自己的组织。

第一类是生产组织。生产、劳动是人的存在形式，在任何时代、任何社会都存在。随着我国农村现代化的加速，对生产组织的要求将越来越迫切，特别是对农业生产组织会提出更高的要求。农村要现代化，生产必须达到较高的组织化程度。农村实现了现代化，生产必然会达到较高的组织水平。因为较高的组织化水平，有利于有效地组织、调动各方面的资源以提高劳动生产率。当然生产组织首先指人的组织，也就是人们组织起来，进行有分工、有步骤的生产。这样，农民不再是传统的、分散的小生产者，而成了像工人在工厂里进行分工合作那样的劳动者，因此农民的生产身份、地位、角色也就发生了巨大的变化。

第二类是商业组织。商业化是农村现代化的一个重要方面，随着现代化的推进，农村的商业活动将会越来越频繁，农民不再是自给自足的生产者，而变成为消费者服务的生产者，同时自己又是其他生产者所服务的对象，因此，在统一的大市场上，农民也参与交易、竞争活动。在这种情况下，农民会渐渐地意识到非要组织起来不可，商业组织便应运而生。西方国家的发达农民在现代化的过程中对此更为深刻，如法国农民在20世纪末建立起来的各种合作社，就是为增强农业产品的竞争力而组建的商业组织。同时，农民也会纷纷建立各种为农业生产和农村生活服务的商业性组织。乡镇企业、私营企业为配合供销环节，也意识到商业组织的重要性，一些乡镇企业正在向集团化方向发展，商业组织成为它们重要的组成部分。

第三类是一种涉及农工商、生产交易相结合的多功能综合性的组织。农业、工业和商业有机地结合起来实行综合经营，这是农村现代化的一个重要特点，也是实行农村现代化的客观要求。由于在现代化过程中，农业工业化、专业化和社会化程度日益提高，农业前部门、农业部门以及农业后部门就会渐渐地融为一个有机的整体，即把农产品生产过程、流通过程中的农业部门、工业部门和商业部门紧密地结合在一起，实行供产销一条龙配套运作。这样就要求建立有效的多功能统一组织。这样的组织已在我国目前的农村改革中涌现。我国经济发达的村、乡镇如华西、苏南都不同程度地组建了这样一些多功能组织。随着生产力和社会经济的进一步发展，农工商一体化趋势将更为明显。反过来说，只有这三者相结合，农村的发展才会有后劲。因此，从某种意义上说，农工商一体化是农村现代化的一种具体表现，到了一体化完成实现，农业将不再是与其他产业毫无联系的产业，而变得与其他产业密不可分了，因而也就完成了其职业化使命。

第四类是协调、调解组织。农村社会长期以来一直存在协调和调解的需要。这些协调和调解的功能最早由亲属、邻里、宗族以及有权威的长辈来承担的。而从 20 世纪 50 年代开始到现在只由互助组、合作社、公社、乡镇政府、村民委员会等稍微正式的行政组织，或者是由准行政组织来完成。随着人民公社体制的解体以及乡镇政府职能的转变，农村的调解、协调功能削弱了，而调解、协调的需要却不断地增加，宗族、邻里虽然在这里起了补偿作用，但远不能满足这些需要。特别是随着改革开放不断深化，农村经济社会关系越发复杂化，传统的协调、调解组织的作用越来越显得力不从心。当然，有人会认为法律会取代这样的功能，但有些纠纷并不是法律所能解决得了的。社会经济越发展，其社会关系便越复杂，对社会整合能力的要求则越高。农村现代化同样带来这样的问题，而调解、协调则是整合能力的一个方面。法律和行政部门也能起到调解、协调的作用，但还远远不够。一个社会的发展和进步程度不仅体现在人们的生活水平提高上，而且还体现在其自我控制、协调和调解能力的增强上。因此，农村现代化对此会有更高的要求。随着新农村建设的推进，农村社区需要越来越多的这类协调、调解组织。在实现现代化后，农民会创建各种协调、调解组织，有效地解决各方关系的纠纷问题，以增强农村社会的整合能力。

当然还有一些娱乐组织，比如前文提到的农民自己组建的锣鼓队、舞狮队、秧歌队、迪斯科舞蹈队、书画基地、老年歌唱团等，这些娱乐性组织在农民文化建设以及精神文明建设方面发挥了至关重要的作用。

以上充分说明农村现代化表明农村社会不再像原来那么简单，而是越来越复杂，变得越来越有秩序。也就是说，农民现代化水平提高，需要自觉地建立各种属于自己的组织，一方面用于维护自身的利益，另一方面更有效地参与经济社会事务，并与其他各种社会组织建立密切关系，促进农村经济社会发展，提高农业发展水平，增加农民收入。达到这样的组织水平时，农民不再是传统的农民，而为新型农民。这才是真正的农民终结。因此可以说农民组织化是农民终结的一个重要表现。

三、城乡生活方式一体化

几十年来，中国为了实现走工业化的发展道路，逐步形成了城乡二元分割的经济社会体制。中国著名的“三农”专家陆学艺教授早在2000年就将这种体制总结为“城乡分治、一国两策”。也就是说，我国在城市实行一套政策，在农村实行另一套政策。改革开放30年以来，这种体制不仅没有得到根本的改革，反而在某些方面比原来更加厉害。比如，我们的农民工，从农村已经转移到城市务工经商，从事的工作已经不是农业生产了。而且在一个或几个城市工作好多年了，但仍然是农民工。好在这几年，党和政府越来越关心农民工，并且出台了一些关心农民工的政策。当前我们都已深刻地认识到城乡二元结构已经成为现阶段社会矛盾和问题的深层次根源，并提出要构建城乡经济社会发展一体化体制机制。城乡经济社会一体化其中一个重要的方面，就是农村居民和城市居民在生活方式上是一体化的。

新型农民不仅表现在职业化、组织化上，而且还体现在生活方式的变迁上。那么，在农村现代化过程中，农民的生活方式究竟会发生什么样的变化呢？简而言之，就是城乡在生活方式上的差别缩小甚至消失，趋向一体化。引起这种变化的原因在于：一是农村现代化冲破了城乡二元社会结构格局，城乡交往增加，彼此互相影响，互相效仿甚至互相攀比，这样就从行为方式、价值观念、心理心态等方面渐渐地互相趋同了；二是现代化促进了农村社会的发展，农民的收入不断提高，城乡收入差别不断缩小，农民有能力享受到城市人所享受到的一切生活；三是现代化的交通工具、信息传播媒介使城乡交流十分方便、容易，农民可以很容易地跑到城市过各种闲暇生活；四是城乡在政策方面的差异消失了，农民和城里人一样具有平等的待遇。

广大的农民会问这样一个问题，我们过去及现在城乡是这样一种格局，将来又是城乡一体化格局，那么在西方发达国家他们是怎样的情况呢？在西方发达国家，他们的城乡生活没有多大差别。第二次世界大战以后，西方发达国家进入了高速现代化的阶段，农村社会经济取得前所未有的发展，农村生活方式也发生了巨大的变化，农村生活水平大大提高，接近甚至有的超过城市标准，一些耐用消费品如电视机、电冰箱、洗衣机、录像机、音响等纷纷进入农民的消费领域。据报道，现在洗衣机、录音机、电视机、电话机、电风扇甚至汽车等已成为日本家庭的日常用品和工具。战后西方国家农村的居住条件大为改善，在质量、面积、设备等方面接近城市水平，据统计，法国在 20 世纪 50 年代以前，农村住房半数没有自来水设备和下水道，但是 1971 年，80%的农村住房都有了自来水供应（包括私人用的设备），住房里有水、电、卫生等设备的农村家庭比例从 1962 年的 6%提高到 1973 年的 40%，到现在其比例更高。原为城市所独享的休养业、旅游业等纷纷在农村兴起，农民步出狭小的天地，去领略大千世界的绮丽风光，他们不在困守田野，长年累月的劳动，而开始注意享受和休养生息。由此可见西方发达国家农民的价值观念发生了巨大的变化，从保守、勤俭变得开放、享乐。与此同时，原来仅仅属于城市的大商店和商业中心，公共汽车运输、通信工具、公共设施及日常生活服务的企业或公司等也在农村大量涌现，并出现大发展的趋势。从这里我们可以看到，传统农民转变为新型农民不仅仅是职业化和组织化方面的转变，还有不可忽视的生活方式的转变。也就是说，农民在现代化过程中改变了原来的活动方式和价值观念，变得与整个社会更为融洽，更加密不可分。

改革开放30年来，我国农村社会经济发展相当快，农民收入增加了，生活水平有了很大提高。特别是随着改革的深化，城乡不再彼此绝对隔离，城乡交往和交流越来越频繁，这不仅表现为人员交往，而且还体现为商品交流和信息传播。这些情况，不仅带动了农村社会经济的发展，促进了城乡经济社会格局的一体化，而且直接影响到城乡生活方式的趋同，与农村生活方式相比，城市生活方式更为丰富、多样、异质、开放、易变，其社会化和适应程度更高，城市生活方式被人们认为对生活起着先导作用，尤其对农村生活方式来说更加如此。换言之，农村生活方式城市化在这些年来更加明显，比如，前些年仅仅供城里人享用的超市，这些年来在条件比较好的农村地区也如雨后春笋般不断涌现，城市里的公交车也开到了家门口。主要表现在这几个方面：

第一，农村消费结构发生了很大变化，不仅高档耐用消费品已步入许多农民家庭，而且农村的恩格尔系数降低得很快，到2007年农村居民的恩格尔系数已下降到了43.1%，接近城市居民36.3%的恩格尔系数。所谓恩格尔系数简单地说就是我们日常生活中食物的花销在整个收入中所占有的比例，如果食物的花销在收入中所占有的比例越大，说明我们的日子越穷；相反，说明我们的日子过得越好，手头有更多的钱可以花在其他方面，如教育、娱乐、旅游、穿着等方面。因此，当前我国农民的消费结构已经转变为衣食住行享乐并重的消费结构。

第二，农村生活方式越来越丰富，越来越多样。农民现在不再是除了劳动，就是上炕上床睡觉，他们开始想办法如何玩得开心，休息得舒服，并着意培养各种爱好。特别是经济发达的农村，其闲暇生活也相当丰富，除了听戏、看电视电影，还去歌舞厅潇洒一把。这几年，为什么一到节假日火车票、飞机票往往出现一票难求的现象，其中也有我们已经富裕了的农民“凑热闹”逛北京、下海南、登泰山、游黄山、看峨眉、观三峡，加剧了车票、机票的紧张程度，这是一个好现象，说明一部分农民朋友真正富裕起来了。并且这些年来，还有一个很重要的现象，就是势头强劲了“农家乐”旅游遍及全国各地，旅游已不再是农民羡慕城里人的事，相反是城里人忌妒农村人的事。到国外旅游以前几乎是国家工作人员和城里人的专利。现在，一波一波的农民到国外旅游已是稀松平常的事情。

靠山吃山，靠水吃水。根据《农民日报》报道，江西婺源县沱川乡理坑村依靠当地旅游资源，谱写了一曲靠旅游求发展的“致富歌”。在村官程茂林的推动下，理坑村凭借粗具规模的“古建筑游”发展旅游业。全村里有农家旅馆 30 多家，村民们通过经营旅馆、“农家乐”特色餐饮，吸引了大量的城里人来理坑村旅游，同时村民经营出售农产品，收入有了明显增加。在旅游高峰期，有的人家一天可以卖出 6000 多元的农产品，经营旅店的村民年收入也有几万元。理坑村“古建筑游”似乎更能够说明城乡生活方式一体化的趋势。

当然，农村生活方式城乡一体化并不仅仅局限在旅游方面，这几年全国青年歌手大奖赛中，不时冒出几个纯粹农民，舞蹈比赛、运动会等过去为城里人所垄断的各种比赛也有农民的不断涌现。以前电影、电视剧清一色的是关于城里人的那点儿事情。现在好多电影、电视剧里有不少反映农村的故事，甚至一些农民艺术家也相继亮相荧屏，并赢得了不俗的收视率和票房收入。农民已经改变了过去那种“日出而作，日落而息”固定单调的生活方式。尤其是年轻的一代农民，他们更是能够紧跟时代，自觉不自觉地使得自己的生活充满活力、散发时尚。

第三，农村生活方式变得比以前开放、宽容，具有较强的适应性和接受力。农民对新东西、新做法不再采取敌视、拒绝、排斥的态度，而是快速地去适应、模仿和接纳，这在年轻的农民身上体现得更为突出。他们在恋爱婚姻方式、穿着、交友方式上，甚至饮食起居等方面都不时地模仿城市，城市里的流行做法很快被农村所接受。我们经常可以通过电视等新闻媒体看到，在T型台上风情万种的模特，展示时髦、新潮，特别是包括比基尼三点式泳装在内的各种服装，这对于传统保守的农民几乎是不可想象和难以接受的，现在变了，不要说农民通过这种方式展示自己企业的产品，甚至也不乏农民自己组建土生土长模特队，展示和推销自己的产品。甚至他们的风采不亚于城里时髦的模特队。农村的生活方式也变得多姿多彩，如果还说农民思想保守，生活单调，显然是他自己落后了。

第四，农村社会与外面的世界联系越来越紧密。有一首歌曲名字叫《外面的世界很精彩》，相对于农村社会而言，外面的世界确实很精彩。随着经济社会的发展，广大的农民也不甘寂寞，开始与外部世界建立越来越多的联系。

农村生活方式开始从狭小的天地走出来，面向社会农民在生活上与他人和社会的联系越来越密切，由于农民商品化程度不断提高，农民的生活也就越依赖与其他人和社会提供的服务。在传统社会，农村与外面世界几乎是隔绝的，即使在农村内部也是“老死不相往来”。在传统社会，农村是自给自足的社会。而现在，如果将自己封闭起来等同于死亡，因为随着发展，人们的分工越来越精细，作为农民你不可能将自己完全置于世界之外。你要用电就需要与电力部门打交道；你要孩子上学需要与教育部门打交道；你种的西瓜熟了就要销售出去；你的庄稼生病虫害了就需要与农业技术部门打交道；要让你的庄稼长势喜人，就需要与化肥、农药等供应商打交道；你如果买了假种子就需要找行业协会或者律师帮助；你的小麦丰收了，由于人手不够，就想请大型联合收割机来帮你一把，等等。所有这些都表明，不仅外面的世界很精彩，还要广大的农民朋友积极参与其中，这样才能够体现出城乡生活方式的一体化。

当然，我们这样分析目前我国农村生活方式的变化，并不意味着这样的变化已达到完全城乡一体化的程度，也并不说明所有的乡村都发生如期变化。实际上那些发生变化的农村生活方式的丰富多样程度、开放程度、社会化程度以及适应接受能力上远不能与城市相提并论。同时，还有许多乡村仍然过着传统的封闭生活，他们几乎与城市隔绝。因此要使他们发生变化，走向现代化，还得等相当长的时间。这也说明了农村生活方式达不到城市化的要求，农村现代化是不可能的，农民的终结也是不可能的，或者说是不全面的、不彻底的。因为生活方式系指所有活动模式和行为模式，如果一个人还停留于传统的行为模式和活动模式上，他至少不是一个现代的人。同样，如果农民仍停留于过去的那套生活和行为方式上，就不能说他们已不是过去的农民，或者说他们已终结了。在我们看来，农民的终结不仅表现在他们的身份、角色、地位的改变，而且还表现在他们的生活方式的改变。因此，可以这么说，城乡生活方式一体化既是农民终结的一大重要表现，又是农民终结的先决条件。

要实现农村的现代化，最终必须转变农民的地位、角色、身份，甚至生活方式，实现传统农民向新型农民转变、身份农民向职业农民转变。虽然我国农村现代化、农民现代化的历史相对短暂，而且经历了相当大的波折，但是随着农村改革的进一步深化，那么农村现代化、农民现代化的内涵将会越来越丰富。在这样一个人多地少、经济不发达的国家进行农村现代化、农民现代化并不是一件简单的事情，也不仅仅是中国的事情，它已超出了中国范围，带有国际化的意义，因此它的成功将是一座人类历史发展的重要里程碑。

参考文献

冯建伟，张高君．农机购置补贴推进沙雅农业机械化进程．农民日报，2009-05-02.

傅治平．一村一世界——建设社会主义新农村范例精编．红旗出版社，2006年.

蒋和平，朱晓峰．社会主义新农村建设的理论与实践．人民出版社，2007年.

蒋建科．一切为了父老乡亲——记优秀共产党员武汉鼎．人民日报，2009-04-07.

翁贞林，许祥云，李剑富，黎瑛等．新型农民培育的理论与实践研究．中国农业出版社，2006年.

漆向东，崔俊敏，赵翠红．新农村建设的理论与实践．经济科学出版社，2008年.

李剑阁．中国新农村建设调查．上海远东出版社，2007年.

李文云．在市场风险中大力培育会经营的新型农民——2007年嵩明县雪莲果滞销的思考．云南电大学报，2008年第3期.

李永合，张玉德，王永会．刘建民：生态种养带富众乡邻．农民日报，2009-04-14.

刘远，朱丽俐：从茶妹子到有机茶王．农民日报，2008-10-07.

陆学艺. 社会主义道路与中国农村现代化. 江西人民出版社，1994 年.

陆学艺，张大伟. 光辉的历程. 江西人民出版社，1999 年.

农业部课题组. 建设社会主义新农村建设若干问题研究. 中国农业出版社，2005 年.

齐亚琼. 河南中牟 60 万吨蒜滞销 40 斤大蒜仅卖 5 元. 河南商报，2009-04-30.

佚名. 一个新型农民的 2006 年. 海南日报，2006-12-13.

王伟光. 建设社会主义新农村的理论与实践. 中共中央党校出版社，2006 年.

杨斌英. 我们要做新型农民——农民大学生的自述. 温州日报，2006-03-27.

翟耀，焦景宏，马昕，何兰生. 尚银州：提升新型农民的“精气神”. 农民日报，2009-02-25.

中华人民共和国科技部农业与社会发展司，中国农村科技开发中心. 2004 中国农民素质报告. 中国农业出版社，2005 年.

王天义. 社会主义新农村建议简明读本. 北京：党建读物出版社，2007 年.